Mówiąca Wszech-Jedność
Słowo Uniwersalnego Ducha Stwórczego

Wieczne Słowo,
jedyny Bóg, wolny Duch,
mówi przez Gabriele,
tak jak przez wszystkich proroków Boga:
Abrahama, Hioba, Mojżesza,
Eliasza, Izajasza,
Jezusa z Nazaretu –
Chrystusa Bożego

Mówiąca Wszech-Jedność

Słowo Uniwersalnego Ducha Stwórczego

*Kosmiczne dzieło do nauczania i uczenia się
ze szkoły Boskiej Mądrości*

*Z rozmów z Gabriele
zebrali:
Martin Kübli i Ulrich Seifert*

Gabriele
Wydawnictwo Słowo

Wydanie pierwsze 2023 r.

© Gabriele Verlag Das Wort
Max-Braun-Str. 2, 97828 Marktheidenfeld, Niemcy
www.gabriele-verlag.com
www.gabriele-wydawnictwo.com

Tytuł oryginału:
„Die redende All-Einheit
Das Wort des Universalen Schöpfergeistes"

S173TBPLPOD

Interpretacja tekstu
na podstawie oryginału niemieckiego
Tłumaczenie autoryzowane przez
Gabriele-Verlag Das Wort GmbH

ISBN 978-3-89201-821-6

Spis treści

Słowo wstępne

Boska, prorocza wizja wyrażona naszymi skromnymi słowami trójwymiarowego świata

Drodzy Państwo, w kosmicznych naukach „Mówiąca Wszech-Jedność – Słowo Uniwersalnego Ducha Stwórczego" czytacie Państwo słowa Prawdy, dane z wiecznej Prawdy, z wiecznego życia, które jest siedmiowymiarowe.

Słowo Prawdy obejmuje wymiary, które na ogół pozostają niezrozumiałe dla naszego nacechowanego materialnie sposobu myślenia.

Jezus, Chrystus, zrealizował to, co obiecał ludzkości dwa tysiące lat temu, mówiąc: *Mam wam jeszcze wiele do powiedzenia, ale teraz nie możecie tego znieść. Kiedy jednak przyjdzie Duch Prawdy, wprowadzi was w całą Prawdę.*

W trakcie rozmów z Gabriele, współczesną prorokinią i ambasadorką Boga, nagraliśmy jej słowa i opisy jej wewnętrznego widzenia. Na ile to możliwe, przekazujemy treść tych rozmów w książce „Mówiąca Wszech-Jedność – Słowo Uniwersalnego Ducha Stwórczego. Kosmiczne dzieło do nauczania i uczenia się ze szkoły Boskiej Mądrości". Są to wyjaśnienia dotyczące budowy i działania wszechobejmującego, potężnego procesu stworzenia: od świetlistego eteru aż po powstanie jądra istoty wszelkich istot stworzenia i doskonałej formy bytu Boga.

My, ludzie, żyjemy w trzech wymiarach, które na ogół są dla nas miarą wszystkich rzeczy, toteż nasza mowa także jest uformowana trójwymiarowo. Napełniamy słowa najróżniejszymi treściami. Tak stało się też ze słowem „Bóg", którym w historii świata sprowadzono więcej nieszczęścia niż błogosławieństwa. Kiedy w tej książce jest mowa o Bogu, treścią tego słowa nie jest ukształtowany kościelnie wizerunek karzącego Boga, kryjącego się w swych tajemnicach, tylko wszechobejmująca pra-inteligencja, stwórcza siła Odwiecznego działająca w uniwersalnych prawidłowościach w całej nieskończoności.

Co do działania – „Mówiącej Wszech-Jedności. Słowa Uniwersalnego Ducha Stwórczego" – dowiedzieliśmy się podczas rozmów o nieznanych dotychczas aspektach, które zapewniają w tych jedynych w swoim rodzaju naukach zaledwie „rzut okiem przez uchylone drzwi".

Prawda Boga wyrażona ludzkimi słowami staje się żywa dopiero wtedy, gdy nie odrzucamy wszystkiego od razu, tylko krok po kroku uczymy się rozumieć, doświadczając samorozpoznania dzięki duchowym ćwiczeniom, tak że wreszcie pojmujemy, że Bóg jest prawdą w nas, a słowa są jedynie skorupkami, które Odwieczny wypełnił prawdą.

Będziemy między innymi wracać do pojęcia boskiego jądra istoty, które jest pra-sercem w sednie duszy. Te wszystkie wyjaśnienia zachęcają, by nauczyć się pojmowania i zgłębiania wiecznego Bytu w sobie. To do nas należy przeczucie w sobie wieczności bez czasu i przestrzeni i rozpoznanie, kto lub co naprawdę bije w głębi naszych dusz – pra-serce wieczności, esencja królestwa Bożego, o którym Jezus z Nazaretu mówił: *królestwo Boże jest wewnątrz was.*

Słowo Prawdy prowadzi nas w wymiar wszech-łączności całego Bytu, tak że możliwe staje się samodzielne poczucie, w jak potężnym, przenikniętym Duchem kosmicznym wszech-życiu spoczywamy, wszech-życiu, z którego kołyski pochodzi wszelkie życie i w którym najdrobniejszy element jest częścią wszechobejmującego stworzenia.

Stopniowo otwiera się przed nami zupełnie inny dostęp do życia w całym bycie. Nabieramy świadomości, skąd wzięliśmy się my i wszystkie istoty stworzenia oraz dokąd ostatecznie dążymy. To wszechobejmująca wizja, której treść otwiera się przed tym, kto sam otwiera się na wszech-obecnego Ducha życia.

Każdy, kto w oparciu o to kosmiczne dzieło do nauczania i uczenia się sam przejdzie drogę, aby coraz bardziej przeżywać w sobie jedność wszelkiego życia, często staje oszołomiony, wręcz bezradny w obliczu brutalnej ignorancji wobec życia, która jest normą, a nawet eliksirem życia dla większości ludzi, bo zamknęli oni sobie światem swoich myśli i zmysłów dostęp do wszech-życia, do mówiącej Wszech-Jedności, do Uniwersalnego Ducha Stwórczego.

Ten, kto nie tylko czyta, ale i pracuje z kosmicznym dziełem do nauczania i uczenia się, uwzględniając siebie w wyjaśnieniach dotyczących mówiącej Wszech-Jedności, coraz wyraźniej będzie widział, jak przerażająco ludzie oddalili się od Wszech-Jedności, posuwając się aż do zmanipulowanego, sztucznego stworzenia, niepochodzącego z Tchnienia Boga w świecie zwierząt i roślin. Człowiek w przyrodzie zachowuje się jak wyrodek – odwrócił się od życia w całym bycie.

Skoro ta jedność całego życia stała się nam tak obca, trzeba wyjaśnić wiele aspektów, które z tego względu powtarzane są w pogłębiających objaśnieniach. Tekst zawiera pytania i odpowiedzi, które wyłaniały się podczas rozmów na dany temat. Wyjaśniające powtórzenia służą w tym kosmicznym dziele do nauczania i uczenia się pogłębieniu i lepszemu zrozumieniu lekcji o mówiącej Wszech-Jedności Uniwersalnego Ducha Stwórczego, którą my, ludzie – co zawstydzające – dopiero musimy poznać.

Jednak tego, kto z uwagą będzie śledził tekst, ogarnie głęboka cześć dla nieustannie płynącego prawa Bożego, zawierającego wszech-jedność całego Bytu. Jest to piękno i doskonałość wszech-inteligencji Boga, która staje się dla nas – świadomych mówiącej Wszech-Jedności Uniwersalnego Ducha Stwórczego – rozpoznawalna także w materialnym bycie. Idący ścieżką nauki będzie szczodrze wynagrodzony przez wysubtelnienie swojej zdolności odczuwania stworzenia, przez rosnącą zdolność postrzegania Życia w całym bycie. Odnajdzie on sam siebie i coraz bardziej będzie żył w świadomości, że także jego życie jest częścią mówiącej Wszech-Jedności, Słowa Uniwersalnego Ducha Stwórczego. Przez to coraz bardziej oczywista stanie się dla niego postawa niekrzywdzenia innych istot, niewykorzystywania ich i niezniewalania.

Złota zasada życia Jezusa z Nazaretu: *Co chcesz, by inni zrobili dla ciebie, zrób najpierw dla nich* – czy wyrażając ją innymi słowami: *Nie rób drugiemu, co tobie niemiłe* – będzie przez niego wypełniona życiem, które obejmuje wszystkie formy Bytu.

Przeżyć i pojąć jedność stworzenia, to, że wszystko – od najmniejszego po największe – bierze się z boskiego Porządku, który ma swe źródło we wszech--inteligencji Boga, to największy krok ewolucji, do jakiego zdolny jest człowiek. To fundament wszelkiego pokojowego rozwoju w życiu pojedynczego człowieka oraz całej rodziny ludzkiej, współistnienia ze zwierzętami i roślinami, z całą przyrodą, i w odniesieniu do całego Bytu. Dlatego rozpoznanie mówiącej Wszech-Jedności, Słowa Uniwersalnego Ducha Stwórczego, to także nadzieja dla Ziemi, na której wyrasta ludzkość, która w świadomości kosmicznej jedności odrzuci wyzysk, nienawiść, przemoc, wojnę i śmierć, ponieważ pojmie, że życie jest bezgraniczne i wszelki Byt – także w królestwach minerałów, roślin i zwierząt – pochodzi z jednego, wiecznego źródła: z Boga, stworzyciela całego Bytu.

W trakcie rozmów Gabriele zachęcała nas: „Uczmy się, by stopniowo zanurzyć się w ocean życia, ponieważ ostatecznie pochodzimy z oceanu życia i przez Odwiecznego jesteśmy wezwani do powrotu do wiecznej ojczyzny, jako że każdy z nas ma w sobie esencję wiecznej ojczyzny, wiecznego domu, wieczny Byt, jądro istoty, pra-serce, co w tej książce stopniowo będzie wyjaśnione. Zrozumiemy wtedy, że nie może nas tam doprowadzić żaden człowiek, a jedynie wieczny Duch, Bóg w nas wszystkich.

Proszę się przyłączyć! Chodzić z nami do kosmicznej szkoły, by uczyć się pojmować, co znaczy prawdziwe życie, by w końcu samemu doświadczyć, że nie ma śmierci, tylko przemiana w inny stan skupienia, w subtelną substancję".

To wielkie dzieło: „Mówiąca Wszech-Jedność – Słowo Uniwersalnego Ducha Stwórczego. Kosmiczne dzieło do nauczania i uczenia się ze szkoły Boskiej Mądrości", ma treść darowaną przez potężnego Ducha Bożego, uniwersalną, najwyższą Inteligencję.

Przeczytamy też o doświadczeniach niektórych uczestników rozmów – szczególnie dotyczących pięciu komponentów w kontekście praw Bożych – oraz o rozpoznaniach z punktu widzenia współczesnej nauki opisanych przez naukowca.

Autorzy zebrali treści kosmicznych nauk w formie książki.

Martin Kübli, Ulrich Seifert

Wprowadzenie

Drodzy Państwo, duchowe pojęcia i słowa w tej książce będą dopasowane do współczesnego sposobu rozumienia, na przykład słowa: wieczność, Wszech-Jedność, Bóg, wieczne prawo, uniwersalne życie, wieczny Byt, duchowe formy życia, boskie istoty czy nawet Bóg Ojciec i królestwo Boże. My, ludzie, jesteśmy ukształtowani trójwymiarowymi pojęciami. Wszystkie ziemskie pojęcia mają treści, które należy zrozumieć, zastanawiając się nad nimi i analizując je.

Nauka ma swoje, stworzone na własne potrzeby słowa, czyli także pojęcia, które – jak wszystkie słowa – są ograniczone trzema wymiarami. Również słowo „Bóg" jest pojęciem. Pod nim kryją się słowa takie jak Pra-Duch, Wszech-Duch, pra-strumień, Stwórca, wieczne życie, kosmiczna nieskończona moc, a nawet Bóg Ojciec-Matka.

Co należy pojąć ze słów, czyli z pojęć, możemy stwierdzić tylko sami, robiąc kroki, których przez Mojżesza uczył nas Bóg, Odwieczny, w Dziesięciu Przykazaniach oraz Jezus, Chrystus, w swoim Kazaniu na Górze.

Nie ma żadnej innej drogi, by móc zrozumieć to, co mówi w sednie duszy, a i to tylko przez wewnętrzne postrzeganie.

Wielu ludzi zadaje sobie i innym pytanie: „Skąd pochodzi Bóg?". Jako ludzie możemy udzielić odpowiedzi tylko krótkim słówkiem „jest" – ON JEST.

Pytający dalej, na przykład: „Czym On jest?", otrzyma odpowiedź: Wiecznym Teraz, bez początku, bez przeszłości i bez przyszłości. Jest Teraźniejszością, zawsze. Gdyby istniał początek, Bóg nie byłby wieczny. Gdyby istniała przeszłość, Bóg też by przeminął. Bóg był i jest wiecznie teraźniejszy.

Słowo „teraźniejszość" w ludzkim ujęciu nie ma nic wspólnego z pojęciem „*wszech*-teraźniejszy". Także wieczne teraz nie ma odniesienia do powszedniego ludzkiego teraz, tak jak ludzkie pojęcie miłość nie ma nic wspólnego z miłością do Boga i bliźniego.

Odwieczny, wieczny Duch, wieczny Stwórca, Bóg Ojciec-Matka wszystkich swoich dzieci, daje ludziom ze swojej wszech-obecności odpowiedź brzmiącą:

JESTEM, KTÓRY JESTEM, Bóg Abrahama, Izaaka i Jakuba.

JESTEM, KTÓRY JESTEM, Bóg wszystkich prawdziwych proroków.

JESTEM Życiem, Stwórcą, Bytem, a dla ciebie, Moje dziecko, wiecznie Bogiem Ojcem-Matką.

Gdyby ludzie mogli spytać książąt niebios, cherubinów przed boskim tronem, skąd wziął się Bóg, odpowiedź brzmiałaby: Pojawienie się Boga byłoby początkiem, a wtedy Bóg miałby też koniec. On jednak jest wieczny i jest wiecznością, nieprzemijająco.

To, że jest, to wszech-obecność. Jaki jest, niech każdy doświadczy sam w sobie.

Wszystkie duchowe pojęcia i słowa w tej książce opierają się na pojęciu wszystko przenikającego, wszechobejmującego świetlistego eteru.

Świetlisty eter jest niewyczerpalnym pierwotnym źródłem wieczności. To czerpiąca i tworząca wszech-zasada Boga Ojca-Matki, z której wzięły się eteryczne formy.

Świetlisty eter, o którym więcej przeczytamy w posłowiu, jest najwyższą, niewyczerpalną energią, w której trwa królestwo Boże, wszystkie czyste formy życia i wszystkie boskie istoty. Świetlisty eter opływa też obszary, czyli kosmosy, z subtelnej substancji oraz kosmos materialny.

Obszary z subtelnej substancji, podobnie jak materialny kosmos, tworzyły się w procesie upadku przez wyobrażenia zbuntowanych boskich istot, które mimo wszystko w źródle swego bytu pozostały boskie, a które jednak w świadomości upadku chciały sobie stworzyć własne królestwo.

Ich celem, zarazem życzeniem, było pierwotnie zlikwidowanie boskiego stworzenia, wszystkich boskich form i boskich istot. Wedle ich życzenia wszystko miało wrócić do wiecznego strumienia, z którego następnie chciały czerpać, tworzyć i kształtować po swojemu.

W wiecznym prawie decydująca jest wolna wola. Boskie niegdyś istoty wzięły do zrealizowania swych zamiarów porcję stwórczej energii, garść świetlistego eteru, głównie z centrum Bytu – które my, ludzie, nazywamy też Sanktuarium Boga Ojca – by spowodować nim likwidację wszystkich boskich form. Nieskończony, niewyczerpalny świetlisty eter jest stwórczą energią Odwiecznego.

Jak wspomniano, zamysłem upadłych istot było stworzenie królestwa według własnych wyobrażeń po zlikwidowaniu boskiego stworzenia.

Trzeba uwzględnić, jakie energetyczne bogactwo zawiera w przybliżeniu garść świetlistego eteru, którą otoczyły się wojownicze istoty. Mimo że zubożały w światło, nadal walczyły przeciw Bogu i Jego stworzeniu. Można nabrać zaledwie mglistego wyobrażenia, jaką objętość energii zawiera świetlisty eter.

Z przetransformowanym już na niższy poziom stopniem świadomości, dysponując jedną garścią świetlistego eteru, zbuntowane istoty stworzyły stacje, obszary z subtelnej substancji, słońca i planety, które odpowiadały ich życzeniom, czyli wizji upadku. Stosownie do swojej coraz bardziej zawężającej się świadomości, która coraz bardziej się zagęszczała, subtelna substancja, czyli przetransformowany na niższy poziom eter, stał się gęstą substancją, podobnie jak istoty upadku, zatem przestał być subtelny.

Przez swój zamiar istoty stawały się coraz gęstsze, bardziej materialne, tak że ich zamierzenie wykazywało coraz cięższą strukturę. Po coraz bardziej zagęszczającej się masie eteru, czyli porcji energii, która odpowiadała stanowi ich świadomości, dawało się poznać, że nie powiódł się plan zlikwidowania boskiego stworzenia.

Mimo tego wszystkiego miały nadzieję pokonać Boga z jakiegoś punktu podparcia we wszechświecie.

W niewyobrażalnych okresach – można tu mówić o oknach czasu – upadek postępował dalej. Odpowiednio do przetransformowanej na niższy poziom porcji energii w obszarach wszechświata powstawały nieforemne masy gęstniejącej energii. W kolejnych okresach, oknach czasu, przetransformowany na niższy poziom świetlisty eter zaczął się przekształcać w bezkształtną gęstniejącą masę, z której uformował się materialny kosmos z punktem podparcia – Ziemią.

Kiedy planeta, Ziemia, się umocniła, rozwinęły się, stosownie do stanu świadomości buntowników, cięższe struktury. Były to nieforemne twory podlegające ciągłym zmianom. Stopniowo powstały twory o charakterze komórek. Wyjaśnienie procesu powstawania Ziemi z naukowego punktu widzenia przedstawiono na stronie 302 tej książki.

Kiedy gęsta, nadająca Ziemi kształt energia stworzyła magnes dla istot upadku, rozpoczął się – znów w długich cyklach, oknach czasu – proces powstawania ludzi na planecie, którą istoty upadku przewidziały jako punkt podparcia dla działań przeciw Bogu.

Tak zwana garść najwyższego świetlistego eteru otaczająca istoty upadku wystarczyła na wszystko, co my, ludzie, widzimy i czego nie dostrzegamy. Na tej podstawie można poznać i oszacować niewyczerpalne bogactwo świetlistego eteru.

Idea upadku, rozpuszczenia wiecznego Bytu, boskiego stworzenia, jest udaremniona.

Dziś ideą upadku jest zniszczenie tego, co nosi na sobie Ziemia. Jednak ludzkim wynaturzeniom i pasji niszczenia położono już kres. Odwieczny zabiera życie z powrotem do wszech-wieczności. Przewrót, do którego myśl upadku sama doprowadziła, nazywa się krótko: zmiana klimatu.

Nieskończony jest i pozostaje wszech-stworzeniem. Jak wspomniano, wszystko, zupełnie wszystko otoczone jest nieskończonym, niewyczerpanie płynącym świetlistym eterem.

Nauka mówi o niezbadanych przestrzeniach między układami słonecznymi, między galaktykami. Wszystko, czego nie da się przeniknąć i zbadać, jest określane mianem ciemnej materii lub ciemnej energii. A nie jest to nic innego, jak niewyczerpalny świetlisty eter, wieczne wszech-prawo nieskończoności, sieć wszech-łączności Wszech-Jedynego.

Jak powiedziano, idea upadku, rozpuszczenia boskiego stworzenia, została udaremniona. W oknach czasu Odwieczny prowadzi wszystko z powrotem. Wszystko wraca do świetlistego eteru, a eteryczne formy do królestwa Bożego.

Jeśli to możliwe, proszę w tej książce: „Mówiąca Wszech-Jedność – Słowo Uniwersalnego Ducha Stwórczego. Kosmiczne dzieło do nauczania i uczenia się ze szkoły Boskiej Mądrości", czytać wyjaśnienia podawane w formie trójwymiarowych pojęć i słów z założeniem, że wszystko, naprawdę wszystko, jest spotęgowanym w najwyższym stopniu świetlistym eterem.

Wszech-Jedyny, nieskończony Wszech-Bóg, nadrzędna Inteligencja, wolny Duch, czerpie z nigdy niewysychającego świetlistego eteru i tworzy czyste eteryczne formy. Również królestwo Boga jest ukształtowanym świetlistym eterem. Wszystkie eteryczne słońca i planety w wiecznym Bycie są skompresowanym świetlistym eterem. Wszystkie boskie formy życia, wszystkie czyste istoty, istoty duchowe, są eterycznymi formami światła i postaciami światła.

Bóg sam nadał sobie formę ze swojego pra-źródła, ze świetlistego eteru. Jak już się dowiedzieliśmy, jest to Bóg Ojciec-Matka, wzniosła postać światła miłości do Jego stworzenia.

Proszę czytać ze świadomością, że wszelki czysty Byt ma eteryczną formę i że myśl upadku nie jest i nie będzie władna stawić oporu temu, co płynie we wszechświecie: to jest światło, świetlisty eter, to, co wieczne, wszech-jedyne, stwórcze dzieło Boga Ojca, który dla swoich jest też Matką.

Drodzy Państwo, celem rozważań tematu „Mówiąca Wszech-Jedność – Słowo Uniwersalnego Ducha Stwórczego" jest skierowanie naszego życia – o ile tego chcemy – na to, co najwyższe w nas, i to krok za krokiem, by doznać i doświadczyć w sobie, co znaczy Wszech-Jedność.

Sami powinniśmy robić własne doświadczenia.

Zacznijmy zatem – na ile jest to możliwe dla nas jako ludzi, gdy tak wiele pozostaje niezrozumiałe – iść drogą, by zerknąć przez wspomniane uchylone drzwi, co pozwoli nam przeczuć, czego doświadczymy jako boskie istoty po powrocie do domu. Wtedy te drzwi otworzą się niczym potężna brama, a my zobaczymy swoją ojczyznę, wieczne królestwo Boże, nasz prawdziwy, wieczny Byt.

Nawet jeśli niektórzy uważają siebie za geniuszy – jedynym geniuszem, jedyną opatrznością całej nieskończoności, jest Nieskończony, najwyższa inteligencja Bytu. W całej nieskończoności czerpie, tworzy i kształtuje najwyższa zasada Bytu, Miłość, Wszech-Jeden, poprzez swoje cztery pra-siły. Czy to w stwórczej i kształtującej kołysce Boga, czy jako centralne pra-słońce ze słońcami pryzmatycznymi – zawsze są to cztery siły istotności, pra-siły nieskończoności.

W materialnym kosmosie również działa jedna zasada, cztery pra-siły niosące w sobie uśpione trzy siły przymiotów Boga: Dobroć, Miłość i Łagodność, przy czym najwyższą siłą Bytu jest Miłość. We wszystkim jest to Wszech-Duch Bytu. Nieważne, jak nazwiemy Ducha nieskończoności: Pra-Siłą, Bogiem, Wszech-Duchem, Wieczną Inteligencją, Wszech-Jedynym – to zawsze jest Nieskończony, to zawsze jest najwyższa Inteligencja, to zawsze jest Wszech-Geniusz i Wszech-Opatrzność, Bóg, Duch.

Jakkolwiek by nazywać Byt, to zawsze są to cztery siły istotności Boga, pra-siły, oraz trzy energie właściwości dziecięctwa.

Wszystko w strukturze duchowo-atomowej jest czysto duchową, wieczną substancją, zasadą nieskończoności. Rzut oka przez uchylone drzwi do duchowości to tylko próba wyjaśnienia budowy królestwa Boga. Prosimy o wyrozumiałość, gdy na siedem sił Bytu używać będziemy wciąż innych określeń. Ma to przybliżyć wszech-jedno potężne zdarzenie każdemu z nas, ludzi, odpowiednio do jego stanu świadomości.

Każdy z nas ma wolność.

Kto może to pojąć, niech pojmie. Kto chce to zostawić, niech zostawi. Nikt nie jest zmuszony do uwierzenia ani do przyjęcia duchowego dobra. Każdy jednak może sam tego doświadczyć i pojąć, jeśli ruszy drogą, którą Bóg, Odwieczny, dał nam przez Mojżesza w Dziesięciu Przykazaniach, a Jezus z Nazaretu w najwznioślejszej nauce, w swoim Kazaniu na Górze.

My, ludzie, często mówimy o swoim życiu, mając na myśli swoją egzystencję na Ziemi.

Prawdziwe życie jest z Boga i jest bezkresną, bezwarunkową jednością, wszech-łącznością, mową wiecznego Ducha Stwórczego, który jest miłością i którego w krajach Zachodu nazywamy Bogiem. Duch nieskończoności, Bóg, jest Słowem nieskończoności w całym bycie, we wszystkich formach życia i we wszystkich boskich istotach, istotach duchowych. Wszech-życie jest w głębi duszy każdego człowieka i w każdej bezcielesnej duszy. Widzialne i niewidzialne kosmosy, wszelkie ciała niebieskie, kamienie oraz minerały są kierowane i prowadzone wszech-prawem Odwiecznego. Wszystko jest zatopione w wiecznym prawie życia, w świetlistym eterze. Wszystkie ciała niebieskie, wszystkie stworzone przez Odwiecznego gatunki roślin i zwierząt żyją w wielkiej wszech-jedności Ducha Stwórczego. Wszystko, naprawdę wszystko, jest we wszech-łączności ze wszystkim i z wszechobecnym Duchem, Bogiem.

Świetlisty eter, z którego czerpie, tworzy i kształtuje Odwieczny, jest substancją nośną wszech-łączności.

W nieskończoności nie ma rozdziału, a zarazem oddzielenia od wiecznego Ducha, który jest wiecznym życiem. Wszystkie boskie istoty, wszystkie utrzymywane Tchnieniem Odwiecznego formy życia i istoty żywe są połączone we Wszech-Jedynym przez wszech-zasadę, wszech-prawo, „wysyłania i odbierania". Słowo Ducha Stwórczego jest we wszystkich i we wszystkim.

Bóg wysyła. On daje – a wszelki Byt, wszystko czyste, przyjmuje Jego Słowo, wszech-prawo nieskończoności. Nikt i nic nie jest wyłączone z nieskończonej wszech-łączności, dotyczy to też kosmosów z ich słońcami i planetami.

Wszystko opiera się na łączności. Stosownie do swojego stanu świadomości, czyli rozwoju, Słowo stwórcze swojego Stworzyciela przyjmują wszystkie gatunki zwierząt i roślin. Każdy kamień i każdy minerał zawiera wszech-prawo, które jest łącznością. Wszystkie stworzone przez Odwiecznego formy życia odpowiadają swemu Stwórcy łącznością.

Wieczny Duch, Bóg, jest tym samym stale przy swojej wszech-wspólnocie, którą nazywamy też wszech-jednością. Bóg jest zatem wszechobecnym, wiecznym życiem, które jest niepodzielne i nierozłączne.

Wszystkie kosmosy są wypełnione Jego Słowem Prawa. Odwieczny jest Wszech-Jedynym, Wszech-Duchem i Wszech-Prawem nieskończoności.

Mimo że jako ludzie jesteśmy materialnymi mikrokosmosami w materialnym makrokosmosie, a Bóg, Odwieczny, dał nam Ziemię z jej roślinami i ziołami jako żywicielkę – i to dla wszystkich ludzi i zwierząt – to niemal nie możemy dostrzec Boga, wiecznego Ducha Stwórczego, w głębi swoich dusz, które są równie kosmiczne, choć z subtelniejszej substancji. Nasuwa się pytanie: Dlaczego nam, ludziom, tak trudno jest usłyszeć Słowo wszechświata, Słowo Prawa Odwiecznego, również w zwierzętach, roślinach, a jako siłę Prawa także w minerałach i kamieniach? To „dlaczego?" także mieści się w temacie „Mówiąca Wszech-Jedność – Słowo Uniwersalnego Ducha Stwórczego".

My, którzy dziś jesteśmy ludźmi, którzy żyjemy obecnie – podkreślmy: obecnie! – w czasie i przestrzeni. W tym ograniczeniu czasem i przestrzenią myślimy, mówimy i działamy. Jednak boskie, nieobciążone jądro istoty, o którym wciąż będziemy czytać, jest pra-sercem we wszech-łączności, która również w nas, w głębi naszych dusz, jest „łącz i bądź".

Powtórzmy: Prawdziwe, wieczne życie jest siedmiowymiarowe. Kiedy powrócimy jako czyste boskie istoty, jako istoty duchowe do swojej wiecznej ojczyzny, do swojego źródła, będziemy znów świadomie żyć w wiecznym strumieniu stworzenia, w siedmiowymiarowym bycie. Jako czyste istoty nie tylko wiemy, my żyjemy wiecznie w swojej ojczyźnie będącej naszym wiecznym domem, w królestwie Bożym, które stale się rozszerza – i to wiecznie. Wieczne życie jest świadomością i życiem we Wszech-Jedności.

To, co tu w skrócie zostało opisane, jest niemal nie do ogarnięcia naszymi ograniczonymi trójwymiarowymi słowami, naszym ludzkim rozumieniem; a przecież w głębi duszy, w rozwiniętym w pełni pra-sercu, w jądrze istoty, to wszystko, naprawdę wszystko, jest żywe.

W jądrze istoty, w duszy Odwieczny wypowiada Słowo Bytu, wszech-prawo.

Jądro istoty jest wszech-jednością we wszystkich i we wszystkim. Bóg, Stwórca życia, jest zasadą łączności nieskończoności – „wysyłania i odbierania". W tę kosmiczną wszech-łączność włączone są wszystkie istoty żywe i formy życia.

Doskonałe jądro istoty jest eterycznym światłem. Można je przyrównać do oszlifowanego diamentu.

Budowa jądra istoty
w stwórczej i kształtującej kołysce
Odwiecznego

W rozumieniu i rozpoznaniu tych boskich, duchowych zależności my, ludzie, jesteśmy jeszcze daleko z tyłu. Nikt nie rodzi się mistrzem. Wszyscy się uczymy. Kto chce, niech uczy się z nami!

Wieczne jądro istoty powstaje w stwórczej i kształtującej kołysce Boga. Żeby to lepiej zobrazować, moglibyśmy powiedzieć, że stwórcza i kształtująca kołyska jest boskim „łonem", w którym rozwija się subtelne, eteryczno-duchowe ciało boskiej istoty.

W pierwszej sile podstawowej zasady stwórczej, zwanej też pra-siłą, w Porządku, Odwieczny, zasada Ojca-Matki, miłość, napełnia Tchnieniem określony subtelny rodzaj atomu, w którym jest zalążek pełnego rozwoju do dziecięctwa Bożego, w dojrzałą istotę duchową: mentalność powstającego duchowego dziecka, istoty duchowej, jej imię i to, w jaką duchową rodzinę wrodzi się duchowe dziecko. W „niech się stanie" aktywne są też wszystkie barwy, kształty i zapachy Bytu. Proces stawania się duchowym dzieckiem i dojrzewania przebiega w rytmach zebranych w cykle.

W pierwszej sile podstawowej, nazywanej też pra-siłą, w Porządku, zaczynają się formować na poziomie energetycznym minerały, które w rytmach rozwijają się dalej, aż rozwiną w sobie, czyli otworzą, wszystkie duchowe formy minerałów. W każdej dojrzałej substancji mineralnej dokonuje się duchowe kiełkowanie, formujące się w rytmach ewolucyjnych w duchowe cząstki.

Po zakończeniu przez wszystkie duchowe formy minerałów kierowanego Tchnieniem Boga rozwoju kiełkujące życie zaczyna coraz wyraźniej przybierać formę. Wszech-Duch, Duch Stwórczy, potężną energetyczną falą świetlistego eteru wznosi doskonałe formy minerałów do kolejnego etapu kształtowania: w królestwo roślin, w drugą siłę podstawową, czyli w pra-siłę Woli Stworzyciela. W drugiej sile podstawowej w Bożej stwórczej i kształtującej kołysce dalej rozbudowuje się w rytmach królestwo roślin, świadomość rośliny za świadomością rośliny; to wzrost, czyli ewolucja i dojrzewanie.

Gdy we wszystkich gatunkach roślin, w których zawarte są substancje minerałów, rozwinie się cała kosmiczna siła Woli, druga pra-siła, są one ujmowane w kolejną duchową cząstkę i, jak wcześniej w królestwach minerałów, wznoszone przez Wszech-Ducha energetyczną falą świetlistego eteru w królestwo świata zwierząt. W trzeciej sile podstawowej, w prasile boskiej Mądrości, kontynuowany jest duchowy rozwój.

Stopniowo, również w rytmach ujętych w cykle, rozwijają się wszystkie eteryczne substancje i siły całego świata zwierząt. Po tym, gdy ożywiane Tchnieniem Wszech-Ducha, Boga-Stworzyciela, gatunki zwierząt, oczywiście eteryczne, przejdą cały rozwój w królestwie zwierząt i wchłoną wszystkie substancje i siły trzeciej pra-siły, cząstki wszystkich substancji zwierzęcych są dołączane do istniejących już cząstek minerałów i roślin.

W ten sposób powstaje etapami, w niewyobrażalnych cyklach, bosko eteryczne jądro istoty, o którym już wspomnieliśmy i do którego będziemy jeszcze wracać – to wszech-esencja wiecznego Bytu.

Na ostatnim stopniu ewolucji, w czwartej sile podstawowej, pra-sile boskiej Powagi, zaczyna się rozwój, czyli kształtowanie formy natury, istoty natury. Po dopełnieniu wszystkich etapów ewolucji we w pełni rozwiniętej istocie natury zaczyna się uaktywniać dziecięctwo Boże.

*Narodziny do duchowego dziecięctwa –
powstające duchowe dziecko
jest przyjmowane do duchowej rodziny*

Pod koniec ostatniego stopnia ewolucji, stopnia boskiej Powagi, czwartej siły podstawowej, czyli pra-siły, mała ukształtowana naturą istota kierowana jest do narodzin do duchowego dziecięctwa do Dobroci, Miłości i Łagodności, do zasady Ojca--Matki. Duchowa para duali wznosi ją do boskiego dziecka. Jak się to odbywa?

Określona wcześniej przez Boga Ojca-Matkę boska para duali, zasada dająca i przyjmująca – po ludzku powiedzielibyśmy: zasada męska i żeńska – tworzą wspólnie potężny magnetyczny energetyczny kokon. To kokon na przyjęcie ze stwórczej i kształtującej kołyski Boga dojrzałej istoty natury, odpowiadającej mentalnością parze duali.

Eterycznie magnetyczny kokon pary duali przyciąga istotę odpowiadającą ich mentalności i wchłania ją w siebie. Energetyczny fluid powoli wpływa w małą istotę.

Fluid kokonu, Dobroć, Miłość i Łagodność, powoduje przekształcenie istoty natury w duchowe dziecko. Gdy wchłonie ono cały energetyczny fluid, staje się dojrzałym dzieckiem duchowym. Para duali – po ludzku powiedzielibyśmy: rodzice – jest całkowicie w jedności ze swoim duchowym dzieckiem, a duchowe dziecko jest w jedności z parą duali, swoimi duchowymi rodzicami, oraz z całą wielką rodziną w Bogu, Bogu Ojcu-Matce.

Duchowe dziecko pary duali ma teraz w sobie pulsujące boskie pra-serce wszystkich czterech sił podstawowych, czterech pra-sił, oraz trzech sił właściwości, właściwości dziecięctwa: Dobroć, Miłość i Łagodność – wszystko we wszystkim jądro istoty Bytu.

W duchowej rodzinie duchowe dziecko dojrzewa w doskonałą istotę duchową, uaktywniając w sobie jeszcze raz – jako dziecko duchowe – wszystkie cztery istotności czterech boskich obszarów rozwoju oraz równocześnie doprowadza do doskonałości właściwości Dobroci, Miłości i Łagodności jako wszech-łączność.

Po osiągnięciu przez duchowe dziecko dojrzałości doskonałej, w pełni ukształtowanej istoty duchowej, są w nim aktywne wszystkie energetyczne siły; są to w pełni wykształcone siły podstawowe, siły istotności, pra-siły Bytu, i w pełni wykształcone siły

42

właściwości, właściwości dziecięctwa. Jest to równoznaczne z uaktywnioną wszech-łącznością nieskończoności ze wszystkimi istotami i formami życia, ze wszystkimi słońcami i planetami. Wszystko we wszystkim jest to wieczny Duch, niewyczerpalny świetlisty eter, stwórczy i sprawczy.

Doskonałe siły podstawowe w dojrzałej obecnie istocie duchowej tworzą, podobnie jak we wszystkich boskich istotach, kosmiczne pra-serce – to jądro istoty nieskończoności. Kiedy duchowe dziecko dojrzeje w doskonałą istotę duchową, jądro istoty i istota duchowa są w pełni ukształtowanym kosmicznym światłem, przypominającym doskonały, oszlifowany diament.

*Nadrzędna pra-siła – Bóg –
kosmiczne Słowo prawa wszechświata
we wszystkich i we wszystkim*

Jądro istoty jest zatem kosmicznym pra-sercem każdej boskiej istoty.

Bóg jest nadrzędną pra-siłą, Miłością w Dobroci i Łagodności, przy czym Miłość jest najwyższym źródłem światła Bytu. Miłość i pokora w Miłości,

Dobroci i Łagodności są w atomach świetlistego eteru najsilniej pulsującą energią, która poprzez cztery boskie siły stwórcze i sprawcze czerpie ze świetlistego eteru i tworzy kształtujące życie.

Nadrzędną siłą jest Wszech-Prawo, składające się z głównych filarów, które we wszystkich atomach świetlistego eteru ujęte jest w pięć sił. W każdym duchowym atomie pra-jądro o najwyższej pulsacji tworzą Miłość, Dobroć i Łagodność. Cztery siły elementarne: Porządek, Wola, Mądrość i Powaga, krążą wokół pra-wszechsiły, pra-jądra.

Bez najwyższej siły światła, miłości, która działa we wszystkim, nie ma życia ani duchowego nadawania formy.

Boża i braterska miłość to klucz do wiecznego życia, do pokoju, harmonii i współbrzmienia wszystkich uniwersalnych sił.

W całej nieskończoności działa zatem nadrzędna pra-siła, Wszech-Duch, we wszystkich swoich siłach stwórczych, na przykład w królestwach minerałów, roślin i zwierząt oraz poprzez trzy właściwości dziecięctwa, Dobroć, Miłość i Łagodność, w każdej boskiej istocie. To jest wszech-zasada „wysyłania i odbierania".

Także w sednie pozbawionej ciała duszy i w duszy każdego człowieka aktywne jest nieobciążalne jądro istoty, esencja siedmiu sił podstawowych, sił prawa Boga. Jak wspomniano, są to cztery siły właściwości, siły stwórcze i sprawcze: Porządek, Wola, Mądrość, Powaga, oraz trzy siły dziecięctwa: Dobroć, Miłość i Łagodność. To Wszech-Prawo Bytu. Bóg, Odwieczny, Wszech-Inteligencja, jest zatem we wszystkim i we wszystkich, również we wszystkich słońcach, planetach; we wszystkich siłach nieskończoności jest życie, Bóg. Wieczny Stwórca jest więc wszechobecny w swoim stworzeniu.

Bóg, Odwieczny, Wszech-Duch nieskończoności, jest Słowem wszechświata we wszystkich i we wszystkim. Wszelkie formy życia i wszystkie boskie istoty, istoty duchowe, są w ciągłej łączności ze swoim Bogiem-Stworzycielem we wszystkim i we wszystkich, a Bóg-Stwórca jest w łączności ze swoim wszech-stworzeniem. Wszystkie boskie istoty, wszystkie czyste formy życia są połączone ze swoim Stwórcą i słyszą Jego Słowo, życie, którym jest Wszech-Prawo.

Człowiek także mógłby słyszeć Słowo Boga-Stwórcy, Boga Ojca-Matki, podobnie jak każda inna forma bytu nieskończoności, ponieważ dusza jest w głębi duchową istotą z Boga, z Boga Ojca-Matki. Słowo Wszech-Jedności człowiek odbiera jednak jedynie z wszech-serca, pra-serca, jądra istoty, w sednie swojej duszy.

Jak często słyszy się: Bóg w nas. Komunikacyjnym mostem łączącym z wszystkimi formami życia aż po królestwo Boże i wreszcie z Bogiem Ojcem-Matką w nas jest i pozostaje jądro istoty ujęte w trzech przymiotach dziecięctwa i czterech pra-siłach.

Jeśli człowiek stworzył w swoim życiu uczuciowym, w doznaniach i myślach, w całym swoim zachowaniu most do Boga w sobie, do jądra istoty, do pra-serca, do prawa uniwersalnego Bytu, to słyszy Boga Ojca-Matkę, który jest życiem swojego dziecka, i słyszy też wszystkie boskie formy życia, wszech-prawo we wszystkich i we wszystkim, kosmiczny Byt. To jest wszech-jedność, to jest wspólnota, to jest prawdziwy sens i prawdziwe życie wspólnoty.

Kroki do życia
Most do jądra istoty

Powtórzmy, bo powtarzanie należy do procesu nauki, służy utrwalaniu: Kiedy człowiek krok po kroku spełnia prawidłowości wewnętrznego życia, dojrzewa do czystej wspólnoty życia. Tylko wtedy jest w stanie odebrać Słowo Stwórcy, Wszech-Ducha, Wszech-Jedności, w swoim języku ojczystym, który – choć nacechowany trójwymiarowością – przenosi Słowo w formie obrazów i myśli.

Poprzez jądro istoty w duszy, czyli Boga w nas, my, ludzie, możemy usłyszeć Słowo Wszech-Jedynego, które jest Słowem Prawa w całej nieskończoności, w najmniejszej cząstce Bytu.

Bóg jest miłością i pokorą. Jest w najmniejszym, a najmniejsze we wszechświecie jest w wielkiej całości. Jego wszech-Słowo, Słowo Prawa, jest zawsze teraźniejszością. Jedynie przez ofiarnie służącą miłość do Boga i bliźniego, przez oddane Bogu pomaganie i służenie, my, ludzie, doświadczamy, co znaczy wszech-jedność.

Głęboko w sednie duszy my, ludzie, mamy wpisane bycie synem lub córką Boga. Przed każdym z osobna stoi pytanie: Gdzie jestem ja, człowiek?

Jak często twierdzimy, „chcę zbliżyć się do Boga" albo „chciałbym doświadczyć światła miłości w sobie"? Nie chodzi jednak o to, by myśleć „chcę" lub „chciałbym". Żeby ponownie stać się tym, czym jesteśmy w głębi swoich dusz – istotami w Bogu – musielibyśmy ruszyć w drogę, stopniowo zacząć żyć wszech-prawem, wszech-jednością Bytu i spełniać to na co dzień.

Pierwszy krok do życia to stworzenie w sobie mostu do naszego prawdziwego Bytu, czyli spełnianie Dziesięciu Przykazań Bożych.

Drugi krok zbliżający do jądra istoty, do Boga w nas, to życie według nauk Kazania na Górze Jezusa.

Trzeci krok mówi: Szanuj, ceń i kochaj głębię wnętrza w duszy każdego człowieka, bo jest on twoim bratem, twoją siostrą z wiecznej ojczyzny, z boskiej wspólnoty, i kochaj życie w minerale, w każdej roślinie, w każdym zwierzęciu. Kochaj wszech-życie tak, jak sam chcesz być kochany.

Ucz się doświadczać wszystkich form życia, całej Matki Ziemi, jako części siebie, gdyż Słowo Boga jest słowem stwórczym, brzmiącym: „JESTEM, KTÓRY JESTEM miłością Bożą i braterską". Miłość bliźniego obejmuje wszystkie formy życia włącznie z Matką Ziemią, również eteryczne siły czterech żywiołów ognia, wody, ziemi i powietrza.

Jak właśnie wyjaśniono, człowiek myśli i mówi: „Jeśli Bóg jest stwórcą całego Bytu, Słowem Prawa we wszystkich i we wszystkim, w całej nieskończoności, to chcę Go usłyszeć, usłyszeć Stwórcę!". Z racji „ja chcę" jeszcze nigdy nie objawiła się wewnętrzna Mądrość, Wszech-Byt, JESTEM, KTÓRY JESTEM. Dopiero kiedy my, ludzie, stopniowo wdrażamy w życie prawidłowości zawarte w Dziesięciu Przykazaniach i w naukach Kazania na Górze Jezusa, zaczynamy powoli pojmować, co znaczy miłość Boża i braterska.

Duch Boży nie działa w mówieniu o tym, co należy zrobić. To przez prawidłowy czyn tworzymy jako ludzie most do Wszech-Słowa, do wszech-jedności Życia, które jest miłością.

Bóg, Wszech-Duch, stwórcze i sprawcze Wszech-Prawo, nie siada z założonymi rękami z myślą, „zrób się". Bóg, Bóg Ojciec-Matka, jest siłą czynu we wszystkich i we wszystkim. Nim i w Nim całe stworzenie Bytu utrzymywane jest w nieustannym ruchu.

Dopiero kiedy my, ludzie, dotrzemy do korzenia prawdziwego życia i staniemy się pokorni, bez egoistycznego pogłosu, „sam jestem sobie bliźnim", doświadczymy, co znaczy, że Bóg jest nam bliski, a Jego

Słowo jest wszech-obecne. Dopiero wtedy pojmiemy i doświadczymy w sobie, że wszystko, naprawdę wszystko, jest zawarte w boskim jądrze istoty, w prasercu Bytu, i że jedynie poprzez jądro istoty możliwe jest prawdziwe, komunikatywne wszech-życie, Wszech-Jedność, Słowo nieskończoności i Nieskończonego.

Co powiedział Mały Książę? „Dobrze widzi się tylko sercem”. Ale słyszy się także dobrze tylko sercem: słyszy się dobrze poprzez serce życia, przez nieobciążalne jądro istoty, Boga, gdyż w Nim i z Niego przemawia wspólnota wszystkich form życia i wszystkich boskich istot. Cała nieskończoność jest wypełniona Jego Słowem, gdyż Bóg, Odwieczny, jest we wszystkim i we wszystkich.

Synowie i córki Boga –
dziedzice nieskończoności

Dlaczego większość ludzi straciła szacunek i poważanie dla życia? Ponieważ człowiek za mało zastanawia się nad życiem po tym życiu.

Przemyślmy to teraz: Jako ludzie jesteśmy tylko przejściowo w ziemskiej podróży. Gdy nadchodzi nasz czas, odkładamy swoje ziemskie ciało – ale nasze życie toczy się dalej. Po śmierci ciała mamy subtelniejsze ciało, które nazywamy duszą. Także dusza jest w podróży, dopóki nie wróci do życia i działania jako boska istota w królestwie Bożym, w wiecznej ojczyźnie, w swoim pierwotnym bycie.

W królestwie Bożym jesteśmy eterycznymi istotami, istotami duchowymi z pra-substancji, ze świetlistego eteru, wiecznego Prawa, Boga, Wszech-Jedynego.

Bóg jest naszym wiecznym Ojcem, będącym dla nas w wiecznym jądrze istoty, w pra-sercu, także Matką. Nierozpuszczalne jądro istoty jest wszechprawem miłości do Boga i bliźniego.

Wyjaśnijmy: Fizyczne ciało jest z ciężkiej substancji, z przetransformowanego na niższy poziom, przebiegunowanego, czyli ściągniętego w negatywność świetlistego eteru. Dusza jest z lżejszego świetlistego eteru. Jak długo jest obciążona, jest wprawdzie z lżejszej substancji, ale nie jest subtelna.

Boskie istoty, istoty duchowe, wszystkie boskie formy życia, wszystkie słońca i planety wiecznego królestwa Bożego, są subtelne; są czystym, spotęgowanym świetlistym eterem.

Bóg, nasz niebiański Ojciec, uczynił swych synów i córki dziedzicami nieskończoności. Każda istota duchowa jest w takim samym stopniu dziedzicem wiecznego Bytu, kosmicznych eterycznych energii królestwa Bożego. Dlatego duchowe ciało każdej boskiej istoty jest skompresowanym wiecznym, eterycznym Prawem, czyli świetlistym eterem. Istota duchowa nie jest Bogiem, nie jest więc wszechobecna, może być jednak obecna jako istota duchowa w całej nieskończoności przez wszech-
-dziedzictwo.

Bóg, Odwieczny, Ojciec wszystkich swoich dzieci, pozostaje swoim Duchem wszechpłynącą eteryczną siłą prawa, wszechobecnością, co znaczy: Jego Duch jest we wszystkich i we wszystkim życiem.

Mocą jądra istoty, prawa Bożej i braterskiej miłości, która jest kosmiczną wolnością, ojczyzną boskich istot jest królestwo Boże, nieskończoność.

Jezus z Nazaretu uczył nas, ludzi, że: *Królestwo Boże jest wewnątrz was.*

Kosmiczna wolność nie jest równoznaczna wolności propagowanej przez ludzi mówiących: „chcę być wolny” albo „jestem wolny” – boskie istoty są wolne, ponieważ są dziedzicami nieskończoności i są w jedności z nieskończonością, z królestwem Bożym.

Boska zasada dziedzictwa, wszech-jedność, to „łącz i bądź”, co znaczy: być połączonym ze wszystkim czystym, ze wszystkimi i z całym Bytem. Na tej podstawie istoty duchowe są obecne, ale nie wszechobecne. To wszechobejmujące dziedzictwo każdej boskiej istoty.

Królestwo Boże
i życie boskich istot w wiecznym Bycie

Pra-wzór stworzenia Bytu

Drodzy Państwo, ludzie pytają i szukają dowodów na to, czy rzeczywiście Bóg istnieje. Ta książka: „Mówiąca Wszech-Jedność – Słowo Uniwersalnego Ducha Stwórczego", to kosmiczne dzieło do nauczania i uczenia się ze szkoły Boskiej Mądrości. Chcemy się przy tym skupić na stwierdzeniu Jezusa: *Królestwo Boże jest w was.* Miał w tym z pewnością na myśli esencję królestwa Bożego w nas, w sednie naszych dusz.

Fundamentem królestwa Bożego jest wszech-prawo, jedność. Miłość do Boga i bliźniego jest podstawą wiecznego życia. Boskie istoty, istoty duchowe, w wiecznym Bycie są u siebie.

Żyją i mieszkają w duchowych budowlach. Zwierzęta żyją z boskimi istotami, a rośliny zdobią ogrody Bytu.

Życie to miłość, światło, kształt, barwa, dźwięk i woń. Każdy obszar niebios ma swoje cechy widoczne w dźwięku, barwie i formie.

Królestwo Boże, obszary niebios z boskimi istotami i siedmiowymiarowymi ogrodami i formami życia, było w stworzeniach wstępnych w czterech pra-siłach wizją, pra-wzorem stworzenia Bytu. Według niezłomnych prawidłowości – nazywamy je wewnętrznym zegarem – w czterech pra-siłach, które przed stworzeniem Bytu nazywały się także Bogami, rozpoczął się określony ruch. Pra-wzór stał się aktywny. Zegar, czyli pra-punkt, pobudził pra-wzór do stworzenia Bytu.

Zanim przejdziemy do tematu Boga obecnego też w materii, wyjaśnijmy krótko, co znaczą stworzenia wstępne i stworzenie Bytu. Będzie to tylko powierzchowne zaznajomienie się z siedmiowymiarowym królestwem Boga, które jest ojczyzną boskich istot i którym jako esencja jesteśmy w głębi swoich dusz. Zaistniało kilka stworzeń wstępnych. W „Mówiącej Wszech-Jedności – Słowie Uniwersalnego Ducha Stwórczego" piszemy głównie o doskonałym stworzeniu Bytu, królestwie Bożym.

W stworzeniach wstępnych do wiecznego stworzenia Bytu cztery świadome Boga pra-siły promieniowały w nieukształtowany jeszcze wszechświat, w niewyczerpalny świetlisty eter. Zgodnie z wewnętrznym zegarem w niewyobrażalnych cyklach eonów rozszyfrował się pra-wzór, stworzenie Bytu. Z czterech pra-sił rozwinęła się jedna wszech-

-boskość, nadrzędna pra-siła: Dobroć, Miłość i Łagodność, przy czym Miłość jest najwyższą siłą, stwórczą i sprawczą Pra-Siłą, Wszech-Bogiem, Wszech-Duchem.

Początkowo nadrzędna Pra-Siła była cząstką, która promieniowała i poruszała siebie w sobie. Z niej rozwinęły się dwie jednakowo promieniujące cząstki, które stosownie do wewnętrznego zegara coraz silniej się poruszały i dzieliły w około dwie trzecie dających i jedną trzecią przyjmujących. Nadrzędna Pra-Siła – Wszech-Boskość, Odwieczny – przyciągnęła do siebie cztery siły, by zrobić z nich swoje cztery siły stwórcze i sprawcze, które nadal są Jego czterema pra-siłami.

Cztery siły stwórcze i sprawcze Odwiecznego, nazywane też czterema pra-siłami, mają głębokie znaczenie, ponieważ po zakończeniu pierwszego stworzenia Bytu nadrzędna Instancja, Wszech-Boskość, Wszech-Duch, wzniesie cztery pra-siły w kolejnych uniwersach do ich pra-określenia.

Nadrzędna Pra-Siła – w około dwóch trzecich dająca, w jednej trzeciej przyjmująca – zaczęła teraz swe dzieło stwórcze. W potężnym biegu eonów Wszech-Jedyny, Twórca i Stworzyciel, Wszech-Światło Bytu, Odwieczny, stworzył eteryczną centralną

pra-gwiazdę, nazywaną też centralnym pra-słoń-
cem. W tym samym biegu eonów Jedyny, Nieskończony, Odwieczny, którego w krajach Zachodu nazywamy Bogiem, stworzył ze świetlistego eteru siedem
eterycznych słońc pryzmatycznych, które rozkładają
biało-złote pra-światło centralnej gwiazdy na barwy
spektralne i promieniują nimi we wszechświat.

Ponieważ świadomość Wszech-Jedności jest pra-
wiecznym prawem, działającym w równej mierze
w całej nieskończoności i zawartym we wszystkim,
to w każdym słońcu pryzmatycznym czynne jest
światło pozostałych słońc pryzmatycznych.

W tym potężnym pierwszym biegu eonów swojego tworzenia Bóg uformował sam siebie. Wszech-
Jedyny, Duch nieskończoności, pobrał z czterech
sił stwórczych i sprawczych substancję do eterycznego ucieleśnienia, przez co w procesie nadawania
kształtu przeważała aktywność trzech sił, właściwości dziecięctwa, Dobroci, Miłości i Łagodności,
tak że wszystkie boskie istoty, Jego synowie i córki,
mogą widzieć Boga Ojca, który jest dla nich również
Matką, twarzą w twarz.

W tym cyklu eonów Wszech-Jedyny stworzył
swoje pierwsze istoty światła, archanioły. Najpierw
stworzył pierwsze cztery istoty, które ucieleśniają

duchowo, czyli eterycznie, cztery pra-siły, siły stwórcze i sprawcze. Następnie stworzył ze świetlistego eteru kolejne trzy archanioły, ucieleśniające Jego trzy siły właściwości, zasadę Ojca-Matki. Siedem archaniołów to cherubiny wiecznego Bytu reprezentujące swą istotą wieczne Prawo w całej nieskończoności. Dlatego są nazywane aniołami Prawa. Ze swojej nadrzędnej pra-siły – w około dwóch trzecich dającej, w jednej trzeciej przyjmującej – stworzył serafiny. Używając ludzkich pojęć: stworzył siedem męskich i siedem żeńskich zasad.

W tym cyklu stwarzania Odwieczny, Wszech-Duch, nadrzędna Pra-Siła, zaczął tworzyć cztery obszary rozwoju, w których On, Wszech-Jedyny, działa przez swoje cztery pra-siły, by tworzyć kształtujące się stopniowo eteryczne życie. W boskich obszarach rozwoju, które można też nazwać łonem Boga, rozwijają się subtelne duchowe formy życia.

Odwieczny ujrzał początek swojego pierwszego dzieła stworzenia i było ono dobre.

Zaczął teraz czerpać i tworzyć poprzez swoje cztery pra-siły, siły kształtowania dziecięctwa Bożego. Zarazem Pra-Światło, świetlisty eter, płynęło poprzez słońca pryzmatyczne we wszechświat, gdzie formowały się gigantyczne obszary niebios, a powstające duchowe gwiazdy zajmowały swe orbity.

Ta gigantyczna sieć łączności Bytu powstała z zasady wszech-jedności: wszystko jest świetlistym eterem, wszystko jest zawarte we wszystkim i wszyscy, i wszystko są w łączności z wszelkimi formami Bytu i siłami. Ujrzał i było to dobre.

W toku stwarzania w kolejnych eonach powstały pierwsze eteryczne formy życia, kształtujące się w cyklach i rytmach życie. Świadomość wszech-jedności, królestwo Boże, rozwinęła się z wszech-stwórczej i wszech-sprawczej zasady, o czym jeszcze wspomnimy. Z Jego stwórczej i sprawczej wszech-zasady stopniowo tworzyło się pra-serce, jądro istoty, esencja Wszech-Prawa i esencjonalne siły wszystkich form życia, wszech-życie, jako syn i córka Boga.

Jakkolwiek chciałoby się opisać wieczny Byt, będzie to obraz zniekształcony, niemal niemożliwy do oddania trójwymiarowymi słowami i pojęciami. Próbuje się znaleźć słowa opisujące siedmiowymiarowy proces, a ostatecznie widzi się, że to wciąż krąg tych samych słów, choć włożono w nie zupełnie inną wizję.

W tym kosmicznym dziele do nauczania i uczenia się poznajemy i pojmujemy stopniowo swoje boskie dziedzictwo, esencję całego Bytu żywą w sednie naszych dusz, jądro istoty, pra-serce wiecznego życia. Tak, w każdym z nas bije w sednie duszy pra-serce Bytu, siła i życie naszej wiecznej ojczyzny.

Niech ciąg dalszy skłoni czytelnika do przemyślenia, jak Bóg działa swoimi czterema siłami stwórczymi i sprawczymi w materii, co może sprawić, że uważny czytelnik zdoła pojąć bliskość Boga, wszechobecnego Ducha w materii.

Cztery wieczne siły stwórcze i sprawcze, nazywane też pra-siłami, mają w materii inne nazwy i są przyporządkowane do odpowiednich pojęć, które pozwalają nam, ludziom, zrozumieć, że Pra-Wieczny działa w materii w różnych substancjach, w tym także w ludzkim ciele.

Działanie czterech pra-sił w zagęszczonym bycie

W następującym wtrąceniu (strony 61 do 76) oczytany człowiek i naukowiec próbują przekazać nam pewne informacje o czterech prasiłach w materii. Jak jednak powiedziano, wszystko pozostaje jedynie próbą odkrycia Ducha Bożego działającego w materii.

Słyszeliśmy o siłach stwórczych i sprawczych, o czterech prasiłach, które zawierają w sobie trzy siły właściwości Boga Ojca-Matki. Skoro wszystko jest zawarte we wszystkim, to siły prawa Ducha są też zawarte, jako energetyczne siły podstawowe, w materii.

Cztery siły stwórcze i sprawcze łącznie z trzema siłami właściwości zostały w materii wlane w inne formy i są postrzegane inaczej niż w najczystszym bycie, z jednej strony z powodu myśli upadku, z drugiej z racji trójwymiarowości.

Wszelkie naukowe próby w kontekście wielkich kosmicznych współzależności są jedynie tropieniem śladów, choć poświęca się niezmierne środki i energię na zdobycie wiedzy o pochodzeniu materialnego uniwersum.

Kiedy współczesna fizyka przekazuje kompleksowy model Wielkiego Wybuchu, standardową teorię kosmologiczną, niejeden przyswaja sobie aktualne naukowe wyjaśnienie istnienia materii. Teoria Wielkiego Wybuchu podaje, że około 14 miliardów lat temu z punktu początkowego o niewyobrażalnie wysokim poziomie energii wielkim wybuchem zaczął się tworzyć materialny kosmos. Stamtąd ma pochodzić wszystko widzialne i niewidzialne, działające w całym materialnym kosmosie z miliardami układów słonecznych. Wielu uznaje ten niewyobrażalny dla nas, ludzi, proces za pewny, ponieważ tak mówi współczesna nauka.

W kontekście „Mówiącej Wszech-Jedności – Słowa Uniwersalnego Ducha Stwórczego" wciąż wraca pojęcie „czterech sił istotności i trzech sił właściwości Boga". Jeśli przeanalizujemy je nieco głębiej, to stwierdzimy, że we wszystkich procesach w materii, a także we wszystkich formach życia, rozpoznajemy cztery siły istotności Boga, które manifestują się w najróżniejszych postaciach jako cztery siły rozwoju, siły podstawowe w całym bycie, czyli również w materii.

Naukowe modele, jakkolwiek oczywiste wydają się być w danym czasie, z reguły są jedynie próbami wyjaśnienia, odpowiadającymi aktualnemu stanowi badań naukowych. Bazują na obserwacjach, eksperymentach i zbudowanych na ich wynikach teoriach. Ta wiedza pozostaje na ogół pewna, dopóki nie obalą jej najnowsze odkrycia. Najnowszy stan wiedzy w fizyce, matematyce, astronomii, biologii i innych dziedzinach pozwala jednak dostrzec wiele zbieżności z ogólnym obrazem przekazanym nam ze świata duchowego. Szczególnie interesujący jest w tym kontekście sposób działania opisanych pra-sił wszechświata w materialnym kosmosie.

Gdziekolwiek przyrodnicy, filozofowie czy humaniści zajmowali się wyjaśnianiem harmonii wszechświata, główną rolę odgrywała „poczwórność". Odkrycie harmonii świata przypisuje się Pitagorasowi z Samos (570-510 p.n.e.). Pitagorejczycy zakładali istnienie harmonii sfer, w której każde ciało niebieskie, stosownie do swojej wielkości, prędkości i odległości od innych ciał niebieskich, wydaje pewien określony dźwięk, który składa się na muzykę sfer. Zakładali zgodność harmonii matematycznych, muzycznych i kosmicznych. Bazą i kluczem ich kosmologii była arcyczwórka (tetraktys). Pitagorejczycy mieli nawet przysięgę „(...) na tego, który naszym duszom dał tetraktys, mający w sobie korzenie i źródło wiecznej natury". Mówili o „Bogu, który naszej istocie powierzył święty tetraktys, zaszczepił wiecznej istocie". W muzyce odkryli, że harmonię konsonansów doskonałych można wyrazić czterema liczbami arcyczwórki.

Arcyczwórka stanowi również, zdaniem Pitagorejczyków, bazę geometrii. Jedynka reprezentuje punkt, dwójka linię, trójka powierzchnię, a czwórka objętość ciała. Giordano Bruno, który powoływał się na Pitagorejczyków, pisał: „Arcyczwórka jest pierwszym, co będzie odkryte w naturze ciał przestrzennych (...)"
(Giordano Bruno, „De monade, numero et figura liber")

Także współczesna fizyka zna cztery siły podstawowe, do których można sprowadzić wszelkie fizyczne procesy. Czemu akurat cztery?

To obserwowane w fizycznym świecie przejawy czterech fundamentalnych sił działających w materii. Siły te, nazywane też podstawowymi oddziaływaniami fizycznymi, powodują, że określone cząstki mogą się przyciągać, odpychać lub wchodzić w inny rodzaj wzajemnych oddziaływań. Tworzą one energetyczny szkielet widzialnej materii.

Jednym z celów współczesnej fizyki jest stworzenie teorii, swego rodzaju wzoru świata, która tłumaczyłaby i opisywała te cztery oddziaływania jako aspekty jednej podstawowej uniwersalnej siły.

Formy życia w najczystszym bycie mają inną strukturę niż formy życia w materii.

Duchowe ciało istoty królestwa Bożego jest zbudowane jako struktura cząsteczkowa, którą poprzez słońca pryzmatyczne ożywia Tchnienie Pra-Światła. Formy życia w zagęszczonym bycie także są ożywione Tchnieniem Boga.

Niewątpliwie na Ziemi podstawowym budulcem życia są komórki. W tych komórkach także działają cztery siły stwórczej i sprawczej siły Boga, jednak w formie materialnej, w strukturach i formach zagęszczenia, działają one inaczej niż w wiecznym Bycie, w królestwie Bożym.

Siły oddziaływania czterech sił stwórczych i sprawczych, które odzwierciedlają się w komórkach ciała, znajdziemy w elementach budulcowych DNA. To cztery nukleotydy, które w najróżniejszych kombinacjach tworzą podłoże wszystkich organicznych form życia. Niezliczone kombinacje nukleotydów są czynnikiem rozwoju niewyobrażalnej różnorodności form życia w materialnym bycie.

Rozważmy: Wszystko jest energią, wibracją. Cztery duchowe siły stwórcze i sprawcze promieniują w zagęszczenie i w granicach praw obowiązujących w materii tworzą odpowiednie formy życia. Również powstawanie plemników u mężczyzny opiera się, co ciekawe, na podziale spermatocytu na cztery spermatydy. Te cztery spermatydy rozwijają się w cztery typowe, zdolne do zapłodnienia plemniki. Z jednego spermatocytu powstają zawsze cztery spermatydy – to także mały odblask procesu stworzenia.

Podobnie światło widzialne w materialnym bycie odzwierciedla prawidłowości Pra-Światła, oczywiście w dopasowaniu do reguł rządzących zagęszczeniem w materii. Szczególnie wyraźnie jest to widoczne przy rozszczepianiu światła białego przez pryzmat na siedem kolorów spektralnych. Izaak Newton (1643-1727) stwierdził istnienie siedmiu kolorów spektralnych: czerwonego, pomarańczowego, żółtego, zielonego, niebieskiego, indygo i fioletu. Jan Wolfgang Goethe (1749-1832) w swojej nauce o kolorach określał światło białe jako światło źródłowe, w którym zawiera się siedem barw spektralnych.

Informacje naukowca

Podłożem wszystkich zjawisk fizycznych w przyrodzie są cztery siły podstawowe, bądź inaczej, cztery podstawowe oddziaływania fizyczne. Należą do nich oddziaływania grawitacyjne, elektromagnetyczne, słabe i silne oddziaływania jądrowe.

Spośród tych oddziaływań człowiek na co dzień postrzega grawitację i siłę elektromagnetyczną. Grawitacja odpowiada za ciężar wszelkich istot żywych i przedmiotów oraz za to, że planety krążą wokół Słońca po określonych torach. Siła elektromagnetyczna odpowiada za większość powszednich zjawisk, takich jak światło, elektryczność, magnetyzm, reakcje chemiczne i tak dalej.

Grawitacja i siła elektromagnetyczna to oddziaływania długozasięgowe, działające w całym wszechświecie, natomiast oddziaływania słabe i silne mają krótki zasięg i działają tylko w obrębie jądra atomowego. Oddziaływania słabe odpowiadają za określone reakcje rozpadu promieniotwórczego, między innymi za reakcje jądrowe w Słońcu (fuzję jądrową), dzięki którym Słońce wytwarza energię. Czwartą siłą są oddziaływania silne, które utrzymują razem protony i neutrony w jądrach atomowych. Oddziaływania silne spajają świat na poziomie wewnątrzatomowym.

*Przy dominujących obecnie w uniwersum ener-
giach cząstek, oddziaływania elektromagnetyczne
oraz słabe i silne oddziaływania jądrowe mają bardzo
różne własności. Przy krótkim zasięgu silne oddziaływania jądrowe są 100 razy silniejsze od pozostałych.
Eksperymenty w akceleratorach cząstek dowodzą, że
siły tych trzech oddziaływań stają się porównywalne
w miarę wzrostu energii cząstek, a tym samym temperatury. Od pewnego poziomu temperatury dochodzi do unifikacji oddziaływań elektromagnetycznych
i słabych, co określa się wówczas jako oddziaływania
elektrosłabe. Model standardowy fizyki cząstek zakłada, że powyżej pewnego poziomu temperatury i energii dochodzi też do unifikacji oddziaływań elektrosłabych z silnymi. Przy o wiele wyższych temperaturach
i energiach ze wszystkich czterech naturalnych oddziaływań mogłaby powstać jedna „supersiła”.*

*Tak ekstremalne warunki fizyczne mogły zaistnieć
tylko przy Wielkim Wybuchu.*

Wielki Wybuch

*Wielki Wybuch nie oznacza eksplozji w istnieją-
cej przestrzeni. Pod tym pojęciem rozumie się raczej
w znaczeniu fizycznym „punkt zero” materii, przestrzeni i czasu.*

Większość astronomów zakłada, że materialne uniwersum zaczęło się Wielkim Wybuchem około 13,7 miliarda lat temu. Sam moment Wielkiego Wybuchu jest nieopisywalny znanymi wzorami matematycznymi i fizycznymi. Astronomowie przypuszczają, że na początku widzialnego uniwersum maleńki punkcik (mniejszy od główki od szpilki) składał się z czasoprzestrzennej piany kwantowej.

Przypuszczalnie w ułamku sekundy po zaistnieniu Wielkiego Wybuchu ten maleńki punkcik rozszerzył się do ogromnych rozmiarów. Ekspansja wszechświata była gigantyczna. Można to sobie wyobrazić przez porównanie do atomu nadymającego się do średnicy 10 000 lat świetlnych, przy czym rok świetlny to 9,5 biliarda kilometrów.

Nauka poszukiwała oczywiście wytłumaczenia, jak doszło do tego rozdęcia wszechświata. Większość astronomów zakłada obecnie, że to rozszerzenie spowodowane zostało przez bardzo silne pole energii, tak zwane pole inflacji. To pole energii cechowało grawitacyjne oddziaływanie odpychające, przybierające na sile w miarę wzrostu objętości przestrzeni.

Pod koniec ery wielkiej unifikacji istniała bardzo gorąca mieszanina cząstek o temperaturze rzędu 10^{29} (10 z 29 zerami) stopni Kelvina, czyli niewyobrażalnie wysokiej.

W kolejnej erze inflacji oddziaływanie silne oddzieliło się od elektrosłabych. W tej fazie pojawiły się cząstki fundamentalne. Wszechświat stopniowo się ochładzał. Po 380 000 lat uniwersum stało się przepuszczalne dla światła. Z tego okresu pochodzi kosmiczne promieniowanie tła mierzone współcześnie przez satelity.

W czasie gdy wszechświat był jeszcze maleńki, musiały zaistnieć kwantowe fluktuacje gęstości energii, które następnie w czasie inflacji rozszerzyły się w wielkoskalowe niejednorodności. W kosmosie powstały obszary o większej ilości cząstek niż średnia i regiony o mniejszej ilości cząstek. W ciągu miliarda lat od Wielkiego Wybuchu oddziaływania grawitacyjne stworzyły pierwsze kompleksowe, masywne struktury. Wyniki najnowszych pomiarów dowodzą, że w kosmosie jest 100 do 200 miliardów galaktyk, mniej lub bardziej przypominających Drogę Mleczną. Każda galaktyka składa się z około 200 miliardów gwiazd; daje to przypuszczalną łączną liczbę gwiazd równą, ujmując w słowa, 20 tryliardom, co jest liczbą z 22 zerami.

Gdyby każda gwiazda we wszechświecie miała rozmiar najmniejszego ziarnka piasku, można by nimi przykryć całe Niemcy na grubość pół metra.

Długo wierzono, że model Wielkiego Wybuchu jest kluczem do zrozumienia wszechświata. W ostatnich latach jednak okazywało się coraz bardziej, że wiele zjawisk w kosmosie nie jest dobrze zbadanych ani zrozumianych. Przykładem jest ciemna materia. W dwudziestym wieku astronomowie odkryli podczas obserwacji galaktyk i gromad galaktyk, że ich dynamika nie daje się wyjaśnić ilością widzialnej materii. Wyraźnie musi być w uniwersum więcej materii, niż zakładano. Ponieważ ta materia nie emituje światła, nazwano ja ciemną materią. Jak dzisiaj wiemy, wokół galaktyk jest obszar ciemnej materii dziesięciokrotnie większy od obszaru, w którym krążą gwiazdy.

Dopiero od niedawna znany jest fakt, że wszechświat rozwija się inaczej, niż przewidywano. Wbrew dotychczasowym wyobrażeniom uniwersum rozszerza się od około 5 miliardów lat coraz szybciej, co określa się jako kosmiczne przyspieszenie.

Objętość przestrzeni w kosmosie musi posiadać rodzaj wewnętrznej energii, która stale ciśnie na zewnątrz i próbuje powiększyć uniwersum. Co szczególne, siła ta rośnie wraz ze wzrostem objętości. Nie ma jeszcze naukowego wyjaśnienia tej energii, określanej mianem ciemnej energii.

Wychodzi się obecnie z założenia, że widzialna materia atomowa stanowi zaledwie 4,6% uniwersum. Około 23% stanowi ciemna materia, a niemal 73% przypada na ciemną energię.

Jeśli ciemna energia przeważy we wszechświecie, co astronomowie uznają za prawdopodobne, to nastąpi całkowity rozpad wszelkich materialnych elementów. Przypuszczalnie wygasną nawet czarne dziury; pozostanie promieniowanie o minimalnej gęstości.

Jeśli z jakiegoś względu przeważyłaby grawitacja, wszechświat zacząłby się kurczyć i ostatecznie całkiem by zniknął.

Co było przed Wielkim Wybuchem?

Ogólna teoria względności twierdzi, że w pewnym momencie kosmicznej przeszłości świat miał swój początek. Pytanie o „przedtem" nie miałoby w tym układzie sensu. Model Wielkiego Wybuchu zajmuje się zagadnieniem przebiegu Wielkiego Wybuchu. Nie porusza jednak kwestii jego przyczyny i całkowicie pomija pytanie, co było przed Wielkim Wybuchem. Kilku astronomów i fizyków nie zadowalało się modelem Wielkiego Wybuchu i rozwinęło alternatywne idee.

Istnieje na przykład model Wielkiego Odbicia zakładający, że przed naszym uniwersum istniało inne uniwersum, wypełnione polami kwantowymi i składające się z czystej energii. Inne modele matematyczno-fizyczne opisują cykliczne wszechświaty. Faza końcowa jednego kosmosu staje się automatycznie początkiem kolejnego w formie Wielkiego Wybuchu.

Fizyków wciąż zadziwia fakt, że oddziaływanie grawitacyjne z najdłuższym zasięgiem jest najsłabsze ze wszystkich sił. Istnieje hipoteza, że grawitacja niejako przesiąka do równoległego wszechświata i przez to rozcieńcza się w naszym uniwersum.

Podsumowując, można powiedzieć, co następuje: Według obecnego stanu wiedzy naukowej przed „punktem zero" Wielkiego Wybuchu mogła istnieć jednorodna siła, z której jako pierwsza oddzieliła się grawitacja, a potem pozostałe oddziaływania podstawowe.

Cztery liczby kwantowe

Tak jak w fizyce wyjątkową rolę odgrywają cztery oddziaływania podstawowe, tak w chemii centralne znaczenie mają cztery liczby kwantowe.

Badając budowę atomu, odkryto dość szybko, że jądro atomu składa się z protonów i neutronów. Wokół jądra krążą elektrony. Powłoki elektronowe atomów biorą udział w reakcjach chemicznych i wiązaniach. Wiele lat zajęło opracowanie zadowalającego opisu stanu powłok atomowych.

Do prawidłowego opisania elektronu potrzeba czterech liczb kwantowych: liczby kwantowej głównej, orbitalnej, magnetycznej i spinowej.

Jedna z ważnych prawidłowości chemicznych mówi, że w atomie nie mogą występować dwa elektrony o takich samych wartościach wszystkich czterech liczb kwantowych. Każdy elektron ma swój własny stan, czyli właściwy tylko dla niego wzór liczb kwantowych.

Cztery zasady określają kod genetyczny

Kwas dezoksyrybonukleinowy (DNA) jest nośnikiem informacji genetycznej niemal wszystkich form życia. Jedynie niektóre gatunki wirusów używają w tej roli kwasu rybonukleinowego (RNA). Do zapisania i zakodowania informacji genetycznej konieczne są cztery cząsteczki, nazywane zasadami nukleinowymi: adenina, guanina, cytozyna i tymina. Trójka *następujących po sobie nukleotydów jest kodem jednego aminokwasu. Aminokwasy są, jak wiadomo, budulcem wszystkich białek. Przyroda potrzebuje więc tylko czterech rodzajów cząsteczek do zaszyfrowania informacji w materiale dziedzicznym. Wart uwagi jest fakt, że, poza nielicznymi wyjątkami, kod genetyczny jest identyczny dla wszystkich istot żywych. Wszystkie żywe istoty używają więc tego samego genetycznego języka.*

Teoria czterech humorów

W starożytności medycyna rozwinęła tak zwaną teorię czterech humorów, która dominowała w naukach przyrodniczych i medycynie do końca XIX wieku. Czterema humorami ciała były: krew, żółć, czarna żółć i śluz. Tym płynom przyporządkowano odpowiednie temperamenty: flegmatyka, sangwinika, choleryka i melancholika.

Teoria temperamentów zainspirowała nawet dwudziestowieczną psychologię osobowości. Starożytni lekarze (między innymi Hipokrates z Kos, Galen z Pergamonu) pod pojęciem zdrowia rozumieli harmonijne zmieszanie soków ciała. W ich rozumieniu choroby powstawały wskutek braku równowagi tych czterech substancji.

Poczwórna struktura ważnych biomolekuł

Istnieje w przyrodzie grupa związków, których budowę cechuje specyficzna poczwórna struktura. Te związki noszą nazwę porfiryn; składają się z czterech symetrycznie ułożonych cząsteczek pierścieniowych. Do grupy porfiryn należą bardzo ważne cząsteczki, na przykład, czerwony barwnik krwi – hemoglobina; czerwony barwnik mięśni – mioglobina; cytochromy w układzie przenośników elektronów w mitochondriach; enzymy dezaktywujące wolne rodniki. Najbardziej rozpowszechnionym na Ziemi związkiem tego typu jest chlorofil roślinny. W tym zielonym barwniku roślina przekształca światło słoneczne w źródło energii chemicznej do syntezy fruktozy. Witamina B_{12} również ma podobną budowę cząsteczkową jak hemoglobina. Co ciekawe u porfiryn, we wnętrzu cząsteczki, otoczone czterema cząsteczkami pierścieniowymi, mogą się znajdować atomy różnych metali, na przykład żelazo w hemoglobinie, miedź w chlorofilu i kobalt w cząsteczce witaminy B_{12}. Najważniejsze związki odpowiadające za pozyskanie energii są podobnie zbudowane u wszystkich istot żywych.

Wszech-harmonia
wiecznego Bytu

rodzy Państwo, liczne słowa opisujące działanie czterech pra-sił w materii rozwijają się znowu w skrzywiony obraz. To tylko przypuszczenia i hipotezy; to dążenia i próby wyrażenia wieloma słowami czegoś, co przecież zakryte jest zasłoną trójwymiarowości.

Wróćmy od tłumaczeń naukowych do wyjaśnień dotyczących prawdziwego Bytu – „Mówiąca Wszech-Jedność, Słowo Uniwersalnego Ducha Stwórczego", z punktu widzenia duchowego wszech-działania Odwiecznego, tak jak podczas rozmów wytłumaczyła to Gabriele.

Wieczny Byt jest wszech-harmonią. To muzyka sferyczna wiecznego Bytu. Wszystkie słońca i planety we wszystkich obszarach niebios królestwa Bożego są w ciągłym harmonijnym ruchu. Ruch ciał niebieskich i ich dźwięki w pełni współbrzmią z dźwiękami wszystkich form życia i z istotami duchowymi żyjącymi w danym obszarze niebios i mającymi na różnych planetach mieszkalnych swoje duchowe budowle, zamieszkiwane przez duchowe rodziny. To jest prawdziwe życie, to jest wszech-łączność.

Informacji o niebiańskich budowlach i rodzinach w królestwie Bożym nie można porównywać do domów i pałaców na Ziemi ani do ziemskich rodzin tego świata.

Budowle w wiecznym Bycie nie są budowane, ale tworzone przez istoty duchowe z eterycznych pierwiastków danej planety mieszkalnej. Substancja eteryczna planety mieszkalnej jest podnoszona, tak że stworzona budowla jest w pełnej harmonii z planetą.

Każdy obszar niebios ma swoją specyficzną barwę i swój kształt

Istoty duchowe we wszystkich obszarach niebios są, zgodnie ze swoją mentalnością, odpowiednimi ciałami dźwiękowymi. Ich szaty również odpowiadają barwie danego obszaru niebios. Tak samo wszystkie formy życia, począwszy od minerału aż po dojrzałą istotę natury, mają odpowiedni do swojego stanu świadomości kształt i wygląd, które odzwierciedlają się w odcieniach barw.

Każda barwa ma swój zapach i odpowiedni do stopnia rozwoju dźwięk. Wszelkie kolory pochodzą z Pra-Światła, z centralnego pra-słońca poprzez słońca pryzmatyczne, które, jak wspomniano, rozszczepiają eteryczne biało-złote światło centralnego pra-słońca na widma spektralne i emitują je w nieskończoność.

Kształt, barwa, woń i dźwięk we wszystkich fasetach odzwierciedlają jedność, również jedność z dźwiękami wszelkich ciał niebieskich we wszystkich obszarach niebios. Gdy na przykład istoty duchowe przenoszą się z jednego obszaru niebios do innego, główny kolor ich szat przyjmuje barwę tego obszaru niebios. Dlaczego? Ponieważ wszystkie barwy są zawarte w szatach boskich istot, a tym samym również we wszystkich siłach Bytu. Także wszystkim formom życia, obojętnie jaki mają stopień rozwoju, jest nadany kształt, kolor, zapach i dźwięk.

Kształt, barwa, woń i dźwięk należą do wszechjedności, tak jak we wszystkich obszarach niebios do boskiej jedności należą wszystkie słońca i planety. Efektem jest harmonia sfer, muzyka sfer wiecznego Bytu.

Sens naszego ziemskiego życia –
uświadomienie sobie
swojego prawdziwego pochodzenia

Wszystko oddane tu słowami stosownymi dla trójwymiarowego bytu, to mniej niż powiew z wiecznego Bytu. Obecnie jako ludzie jesteśmy na Ziemi, by ponownie uświadomić sobie swoje pochodzenie, idąc drogą do wnętrza, do prawdziwego Bytu, który puka w sednie naszych dusz, ciągle wzywając nas i upominając, żebyśmy poszli drogą dającą wolność i szczęście i pozwalającą przeczuć, że naprawdę nie jesteśmy z tego świata, ale że jesteśmy synami i córkami Odwiecznego, Boga Ojca-Matki.

Każdy z nas, w większym lub mniejszym stopniu, przyjął byt człowieczy, żeby odnaleźć siebie jako boską istotę w głębi swojej duszy, żeby stać się świadomym jedności ze wszystkimi pozytywnymi siłami i zjednoczyć się ze wszystkimi formami życia, także z sednem każdego człowieka. Oznacza to codzienne sprawdzanie swoich uczuć, odczuć, myśli, słów i czynów i zdawanie przed sobą rachunku, czy to, co się czuje, odczuwa, myśli, mówi i robi, odpowiada wiecznym prawidłowościom królestwa Bożego. Treści Dziesięciu Przykazań i nauk Kazania na Górze Jezusa z Nazaretu przykazują nam codzienne sprawdzanie siebie i uprzytamnianie sobie, że wszystko z prawa, z lewa, w górze i w dole zawiera treści życia, które jako boska esencja życia należą do Wszech-Jedności.

Stać się wrażliwym, to zrozumieć, że wszystko żyje i jest w komunikacyjnej łączności ze sobą nawzajem i z Wszech-Jednością.

Pięć komponentów
w życiu człowieka
zmienionych w narzędzia walki

W ciąż słyszymy i czytamy, że powinniśmy przemyśleć swoje czucie, odczuwanie, myślenie, mówienie i postępowanie. Te pięć komponentów w połączeniu z naszymi zmysłami może się stać mieszanką wybuchową, bo są to energie, które emitujemy, a których działanie ostatecznie zawsze trafia emitującego.

Można się uczyć, pytając:
Kim jesteśmy, co emitujemy?

Pięć komponentów człowieka, którymi ten na co dzień pracuje, to treści czucia, odczuwania, myślenia, mówienia i postępowania. Analizując dokładniej dzisiejsze czasy i obecne pokolenie widać, że tych pięć komponentów zmieniło się w narzędzia walki, które kierują się przeciw walczącemu. Niewielu ludzi zastanawia się nad pięcioma komponentami, a przede wszystkim nad ich treścią, ponieważ są to pociski, które człowiek codziennie wystrzeliwuje i które pochodzą wyłącznie z jego własnego arsenału.

Każdy człowiek na przykład wkłada w swoje uczucia, odczucia, a przede wszystkim w myśli swoją własną amunicję.

Można z pewnością stwierdzić, że każdy człowiek z osobna zbudował w swoich pięciu komponentach arsenały swojej specjalnej, specyficznej amunicji. Każdego dnia z arsenału „czucia” albo z arsenałów „myśli”, „słów” czy wręcz „czynów” oddawane są salwy do ludzi, zwierząt, przyrody, które trafiają również ludzi, popychając ich do myślenia w taki sam sposób lub nawet do zarządzenia zrobienia czegoś złego, na przykład do wykorzystywania zwierząt albo prowadzenia gospodarki rabunkowej na Ziemi.

Salwy trafiające cel mogą u wielu ludzi stać się zarzewiem wybuchu czegoś podobnego. Większość chmury odłamków trafia z powrotem nadawcę, tego, który nieustannie emituje swoje negatywne przesłanie, swoją amunicję. Odłamki trafiają dokładnie w strzelającego. Skutkiem są ciosy losu, niedostatek, kłopoty, wypadki, choroby aż po przedwczesną śmierć, zależnie od zawartości pocisków. Jak powiedziano, odłamki pocisków w większości trafiają rykoszetem w wysyłającego, ale uderzają też ludzi strzelających zbieżnymi treściami własnego czucia, myślenia, mówienia i postępowania. Sprawcą jest jednak zawsze wysyłający.

Ponieważ w całej nieskończoności, z materią włącznie, wszystko opiera się na „wysyłaniu i odbieraniu", rejestr grzechów mówi: co siejesz, czyli wysyłasz, to zbierzesz, czyli otrzymasz.

Człowiek zatruwa sam siebie i swoje środowisko pięcioma komponentami, które zmienił w narzędzia walki.

Pięć komponentów: czucie, odczuwanie, myślenie, mówienie i postępowanie, może się też stać pozytywnymi towarzyszami, przede wszystkim wtedy, gdy używa się ich według wiecznego prawa miłości do Boga i bliźniego. Byłaby to droga do wyższych wartości etycznych i moralnych, aż do życia, do pra-serca Bytu. Oczyszczenie pięciu komponentów wymaga naturalnie pracy nad sobą. Czyli zawsze wtedy, gdy z któregoś z pięciu komponentów, na przykład z myśli, płyną przesłanki do działań szkodzących komuś, należy zachować ostrożność. Przykładowo może to być sytuacja zachęcania bliźniego pięknymi słówkami do czegoś, czego nie zamierzał, a co zrobi pod naszym wpływem na naszą korzyść.

Główne narzędzie walki –
nasze myśli

Jest wiele takich treści w naszych pięciu komponentach, na przykład w myślach, a każdy człowiek ma inne.

My, ludzie, myślimy bez przerwy. Nasze myśli to główna amunicja w naszych bojowych arsenałach. Treściami myśli, które często rozbudowują się w ciąg obrazów, produkujemy pociski, które ostatecznie trafiają nas samych.

Człowiek myśli, myśli, nieustannie myśli, nie uświadamiając sobie, że każda myśl jest energią dążącą do urzeczywistnienia. Pielęgnowane w myślach negatywne treści skierowane przeciw bliźnim mogą się składać z oczekiwań, zazdrości albo wrogości, aż po odrzucenie i nienawiść; kształtują się energetycznie i kiedyś zostają użyte, czy to w słowach, czy w czynach.

Myśl wstępnie opracowuje wszystko to, co jako treści kotłuje się w sferze życzeń i idei. Pewnego dnia ta zapisana energia myśli dąży do urzeczywistnienia tego, co w nich zaprojektowaliśmy i przygotowaliśmy w myślach. Zbierająca się z wolna w naszym myślowym arsenale amunicja może rozładować się eksplozją skierowaną przeciw bliźniemu, ale także przeciw przyrodzie, przeciw zwierzętom i roślinom, albo trafiając negatywnymi treściami w nasze własne narządy i komórki. Negatywne zapisy treści naszych myśli prowadzą do zamknięcia się, do tajemnic, do intelektualnego potrząsania szabelką, a koniec końców do brutalności wobec życia.

Myślami tworzymy to, co ujawni się w słowach i czynach. Zawartością pięciu komponentów wykuwamy swój los; budujemy nimi przyczyny, które kiedyś przyniosą skutek.

Nawet życzenia odnośnie pożywienia są nacechowane treścią pięciu komponentów, które zarazem wpływają na wrażliwość naszych zmysłów. To powoduje, że podczas określonych świąt zwierzęta hodowane i tuczone w najpodlejszych warunkach tylko na te okazje są zarzynane wyłącznie po to, żeby człowiek nasycił podniebienie i żołądek, piejąc peany o niezrównanym smaku mięsa z ciał zadręczonych zwierząt.

Inne ofiary, nasze współstworzenia, są w tym celu ścigane, szczute i zabijane. Postrzelone, często konają dopiero po godzinach męki i strachu. Również w mordercach na zlecenie manifestuje się śmiercionośna amunicja, mająca swe źródło w pięciu komponentach.

To samo dotyczy rabunkowej eksploatacji Ziemi. Ziemia daruje swoje bogactwo. To jednak człowiekowi nie wystarcza. Napędzany zawartością pięciu komponentów używa nawozów sztucznych i zabija toksynami mikrobiologiczne życie gleby tylko po to, aby wycisnąć z Ziemi ostatnie soki. To najróżniejsze zestawienia treści z pięciu komponentów popychają nas do użycia naszej amunicji przeciw życiu. Zawsze jest to upadek, kiedy planujemy coś, co zaszkodzi innym ludziom albo zwierzętom na polach i w lasach, w rzekach, jeziorach i morzach, zwierzętom, które z tego powodu w bolesny sposób stracą życie, bądź innym stworzeniom.

Film życia –
ludzie żyją w obrazach

Wielu ludzi wie, że wszystko jest energią i że żadna energia nie ginie oraz że energię można przenosić także swoimi myślami, słowami i sposobami postępowania.

My, ludzie, żyjemy w obrazach. Całe zachowanie danego człowieka składa się z niezliczonych serii obrazów, moglibyśmy powiedzieć, z filmu, który wciąż na nowo odtwarzamy treściami pięciu komponentów: czucia, odczuwania, myślenia, mówienia i postępowania, a który też ciągle uaktywniamy, przy czym dołączane są do niego nowe sekwencje obrazów.

Jeśli nie możecie Państwo uwierzyć w opisany proces, proszę spróbować myśleć wolno i świadomie! Przy takich ćwiczeniach szybko da się rozpoznać, że rodzi się obraz albo więcej obrazów. Proszę nie przerywać, ale spróbować przyjrzeć się temu, co Państwo myślicie. W obrazach przeżywamy swoją osobistą przeszłość. Dzieje się tak, ponieważ żadna energia nie ginie. Przy tym równocześnie możemy myśleć i mówić, a nawet omawiać to, co akurat w sobie widzimy.

Jak wspomniano, nasze sposoby postępowania też należą do sekwencji obrazów.

To, czego nie przeżyliśmy sami, co znamy tylko ze słyszenia, nad czym jednak rozmyślamy lub o czym dyskutujemy, także może się rozwinąć w obraz. Pomińmy to, czy taki powstały na bazie rozmów obraz odpowiada nam czy innym. Nie możemy kontrolować tego, co mówi ktoś inny, bo jego wynurzenia nie są ujęte na naszej taśmie filmowej. Jeśli dajemy wiarę temu, co powiedziano i potwierdzamy to, wbudowujemy obraz, jaki stworzyliśmy sobie z rozmowy, we własny film.

Można powiedzieć, że jesteśmy producentami. Produkujemy swój film zawierający naszą własną przeszłość – to, co sami stworzyliśmy treścią swoich pięciu komponentów – i pozwalamy, żeby w naszym filmie ożyły w obrazach treści zasłyszane od innych.

Wszystko, naprawdę wszystko, to obrazy, a te przebiegają w sekwencjach. Szczegóły wszelkich przejawów naszego życia oraz to, co usłyszeliśmy od innych i przetworzyliśmy w swoje wyobrażenie, wbudowujemy w swój film życia. Również to, co zdobywamy, co kupujemy, co spożywamy, co poruszamy, to sekwencje obrazów, które pojawiają się wmontowane w taśmę naszego filmu życia.

Skąd wzięły się arsenały tego świata?

Jeśli zrozumiemy, że swoimi uczuciami, odczuciami, myślami i zachowaniami tworzymy arsenały, i uświadomimy sobie, że wszystko jest energią i że żadna energia nie ginie, to stanie się jasne, jak w ogóle mogło dojść do tego, że cała Ziemia uzbrojona jest w systemy przeróżnego typu broni.

Siedem miliardów ludzi czuje, odczuwa, myśli, mówi i działa każdego dnia, w każdej godzinie, w każdej minucie, w każdej sekundzie, w każdym momencie. Stosownie do zawartości pięciu komponentów uwalniane są określone energie. Jeśli są negatywne, tworzą energetyczny budulec – nie tylko rozumianych w przenośni zbrojowni – są rzeczywistą bazą popychającą ludzi do konstruowania broni, produkowania jej, dozbrajania bojowego, do ćwiczeń używania broni i wreszcie do jej użycia przeciwko bliźnim.

Negatywne treści pięciu komponentów rozsiewają odłamki amunicji i popychają do dalszych negatywnych działań, kiedy w poszczególnych osobach lub grupach ludzi trafią na podatny grunt zbliżonych treści.

Mogą też jako energetycznie negatywne wiązki zyskiwać konkretną siłę rażenia, gdy negatywny potencjał energii tworzony w każdej chwili czuciem, odczuwaniem, myśleniem, mówieniem i postępowaniem siedmiu miliardów ludzi staje się widoczny jako materialna manifestacja w arsenałach broni tego świata.

Najróżniejsze treści tej negatywnej energii pobudzają odpowiednich ludzi do konstruowania broni; pojawiają się nowe pomysły na coraz bardziej zaawansowane śmiercionośne systemy. Nabierają one wyrafinowanej formy, coraz bardziej niszczycielskiej siły rażenia, aż po autonomiczne systemy uzbrojenia, które w pełni automatycznie mogą dokonać zniszczenia zadanego celu sterowane wyłącznie odpowiednim programem.

Skąd bierze się energia na takie wynalazki?

Jak powstała możliwość projektowania takich systemów uzbrojenia wymagających dużych nakładów sił i środków, do konstruowania ich i stosowania?

Różnorodności negatywnych treści pięciu komponentów – stworzonych energetycznie arsenałów w uczuciach, odczuciach, myślach, słowach i czynach człowieka – odpowiada przemyślność i wielostronność śmiercionośnych maszyn w wodzie, na lądzie i w powietrzu; okręty wojenne, lotniskowce, łodzie podwodne z napędem atomowym i miny morskie w wodach, śmigłowce bojowe, myśliwce i rakiety, w pełni zautomatyzowane zdalnie sterowane śmiercionośne drony w powietrzu, działa pancerne i wyrzutnie rakietowe na lądzie aż po niszczycielskie bomby atomowe.

Wszystkie te systemy uzbrojenia są produktem myślenia, czucia i planowego działania ludzi, karmionego sumą negatywnych energii wszelkich narzędzi walki kotłujących się jako mordercze treści w pięciu komponentach całej ludzkości. Często niemal niedostrzegalne i niepozorne, zbywane jako nieszkodliwe, formują się energetycznie, by popchnąć ludzi do przetworzenia agresji, brutalności i przemocy, które powstają w fabrykach broni naszych pięciu komponentów, w rzeczywiste arsenały broni produkowanej w fabrykach tego świata. Niczym za pomocą soczewki różne narzędzia walki skupiane są w wiązkę, tak że ich wroga życiu energia może znaleźć ujście w niszczycielskich machinach przemysłu zbrojeniowego.

Wojna i narzędzia walki
przeciw stworzeniu Bożemu

Obserwując z innego punktu widzenia operację wojenną przeciw Bogu, przeciw Jego wszech-miłości, można obecnie rozpoznać, że zaraza demonicznych intryg atakuje teraz innym sposobem: kiedyś rozpuszczenie boskiego stworzenia – dziś zniszczenie.

Wielu ludzi poddało się demonicznemu dyktatowi niszczenia wszystkiego, czego nie da się podporządkować, czy to przyjaciół, czy „wrogów". Zabija się niepożądanych wrogów, swoich bliźnich. Wymyśla się coraz okropniejsze, wymyślniejsze rodzaje broni i produkuje się je.

Uzbrojenie to narzędzia mordu na ludziach, zwierzętach, przyrodzie. Bezdusznie wysyła się przeciw bliźnim maszyny i prawie nikt nie zastanawia się nad tym, że zabijanie bliźnich we własnym interesie jest bratobójstwem.

Rządzący wielu krajów szczególnie wysoko cenią właśnie niemiecką technologię zbrojenia. Niemiecki eksport broni jest w światowej czołówce. Rząd kraju, który powołuje się na Jezusa, Chrystusa, i produkuje broń, już dawno rzucił rękawicę w twarz Nazareńczykowi, który uczył: *Kto za miecz chwyta, od miecza zginie,* oraz: *Cokolwiek uczyniliście najmniejszemu z Moich, Mnieście uczynili.*

Przemyślne systemy uzbrojenia wymagają wielkich kwot pieniędzy, czyli dużej energii. To oznacza, że brakuje środków dla głodujących ludzi, dla umierających z głodu dzieci. Świadomie trzyma się ich głodujących i konających na odległość ręki. Z pełną świadomością składa się ludzi w ofierze arsenałom broni. To jest dzieciobójstwo, bratobójstwo.

Próba likwidacji stworzenia Bożego nie powiodła się. Teraz tym bardziej niszczy się i zabija. Panuje szaleństwo: każdy przeciw każdemu i przeciw boskiemu stworzeniu, przeciw jedności Boga, przeciw miłości do Boga i do bliźniego.

Wojna z Bogiem to między innymi dręczenie zwierząt, zabijanie i eksterminacja naszych współstworzeń, niszczenie przyrody i rabunkowe pozyskiwanie zasobów Ziemi.

Trwa szaleńcza walka przeciw stworzeniu Bożemu, przeciw przykazaniu miłości do Boga i do bliźniego, przeciw prawu wolności.

Kto trzyma zwierzęta stłoczone jako towar masowy, jako zwierzęta rzeźne, a potem oddaje je rzeźnikowi, nie jest lepszy od tego, który sam je zabija. Kto zjada mięso udręczonych i zabitych zwierząt, nie jest lepszy od tego, który je w tym celu hoduje i oddaje na rzeź.

To wszystko jest wbrew miłości Boga, przeciw Jego stworzeniu, przeciw życiu, które jest jednością.

Także przyrodzie należy się szacunek i docenienie, ponieważ również ona zawiera życie z siły Boga. Kto bezcześci przyrodę, jest przeciw Bogu, przeciw miłości Boga. Kto plądruje Ziemię i doprowadza planetę na skraj zapaści, nie jest lepszy od tego, który zabija lub zleca zabijanie ludzi, który dręczy zwierzęta, zabija je lub prowadzi na śmierć. Kto bezcześci planetę mieszkalną postrzeganą jako całość, działa wbrew życiu, wbrew miłości Boga i przeciw Jego stworzeniu.

Tak zwane „chrześcijaństwo" rzuciło Nazareńczykowi rękawicę, a Ziemia, należąca do stworzenia Boga, ją podjęła i stanęła przeciw ludziom.

Człowiek zrobił sobie wroga ze swojej żywicielki, Matki Ziemi. Ziemia pokona wroga; zwiastuje to już pojęcie „zmiana klimatu".

Pięć narzędzi walki człowieka wandala

Uczestnik rozmów z Gabriele widział, jak szukała ona słów, którymi można by oddać to, z jaką miłością i pokorą Bóg, Odwieczny, podchodzi do swojego stworzenia. Opowiedział, co następuje:

Uświadomiłem sobie, że okrutny człowiek wandal wciąż jeszcze oddaje cześć Baalowi, który w obecnych czasach kryje się pod innymi imionami. Jednak jego przeszłe okrucieństwo jest niezmiennie okrucieństwem dzisiaj. Człowiek niczym wandal, bez skrupułów grasuje jako imigrant po należącej do Boga Ziemi i dewastuje wszystko, co należy do Boga, Odwiecznego.

Nauka twierdzi, że żadna energia nie ginie i że również myśli są energiami, które nieomylnie trafiają do celu.

Siedem miliardów ludzi w każdym momencie wysyła, wysyła i wysyła energie myślowe z różnorodną treścią do innych ludzi, do zwierząt, do przyrody i w atmosferę ziemską, czyli wyrzuca swoją osobistą amunicję myślową w środowisko, gdzie wiąże się ona ze zbieżnymi treściami energii myślowych i potęguje się. W większości przypadków treści odczuwania, czucia, myślenia, mówienia i postępowania ludzi są sprzeczne z Dziesięcioma Przykazaniami i naukami Kazania na Górze Jezusa z Nazaretu, a przez to na poziomie energii są negatywnymi wzorcami promieniowania, czyli negatywnymi energiami promieniowania nieustannie emitowanymi.

Gdyby było inaczej, czemu Ziemia z wszystkimi formami życia miałaby być w tak złym jak obecny stanie, nawet jeśli polityczni, ekonomiczni i kościelni sprzedawcy iluzji próbują zatuszować pięknymi słowami względnie bliski i nieuchronny koniec obecnej ludzkiej cywilizacji?

Kto nadał ludziom obecny kierunek w zakresie sposobów etycznego i moralnego myślenia i postępowania i uczy ich, że negatywne często postępowanie

*wbrew wszelkiemu życiu należy uznać za dobre i na-
śladować je?*

*Kto uczy, szkoli, wychowuje ludzi w wartościach
lub antywartościach, które oni będą sobą reprezento-
wać i ciągle emitować jako treść energii promieniowania swojego odczuwania, czucia, myślenia, mówienia
i postępowania?*

*Przy obserwacji stanu naszego świata i środowiska
wyłania się pytanie:*

*Skąd bierze się szeroko rozpowszechniona bez-
duszność i brak odpowiedzialności wobec ludzi, przyrody, zwierząt?*

*Skąd bierze się ta obojętność, która ostatecznie
prowadzi ludzką cywilizację do autodestrukcji?*

*Kto od tysiąca siedmiuset lat odgrywa główną rolę
jako autorytet etyczno-moralny i do dziś utrzymuje
ten przywilej z mocy uświęconej tradycji?*

*I kto każe sobie za ten przywilej w samych tylko
Niemczech płacić rok w rok dziesiątki miliardów euro
z podatków? Kto?*

Kto idzie przez życie z otwartymi oczami, mówił zaangażowany uczestnik rozmów, *zauważy następujące sprawy:*

Narzędzia walki naszych pięciu komponentów odniesione do tradycji kościelnej jawią się następująco:

Tak zwane chrześcijańskie święta poprzedza każdego roku olbrzymia orgia rzezi, podczas której przelewane są miliony litrów krwi. Większość obywateli bezrefleksyjnie przyjmuje zabijanie milionów zwierząt.

Tradycyjna gęś na dzień świętego Marcina jest właśnie jedną z ofiar morderczej machiny. Marcin z Tours znalazł miejsce w historii z racji swojego miłosierdzia, ponieważ oddał marznącemu żebrakowi połowę swojej opończy.

To cała historia. Co zatem wspólnego mają miliony zamordowanych gęsi z katolickim dniem świętego Marcina?

Kompletnie nic! Kiedyś tam ludzie z błogosławieństwem dostojników kościelnych zjedli z okazji tego święta zwłoki gęsi i to spożywanie zwłok rozpowszechniało się w głowach ludzi przez energie myślowe i w nie mniejszym stopniu przez błogosławieństwa kasty kapłańskiej, aż stało się tak zwanym obyczajem, który bez skrupułów kultywują lemingi.

Bóg, Odwieczny, nie błogosławi mordowania swoich stworzeń.

Czyje błogosławieństwo dotyka zwłok wszystkich tych hurtem zmasakrowanych zwierząt?

Do tradycyjnych przedświątecznych rzezi zalicza się też kolejny przykład: Setki milionów indyków musi na Boże Narodzenie, na święto miłości, stracić życie, bo kościelni przywódcy błogosławią ich zwłoki jako „świąteczne danie" i przez to coraz więcej ludzi nadaje na tych samych falach, stając się naśladowcami kultu krwi i śmierci, mającego pogańskie korzenie. Efektem jest krwawa łaźnia zwierząt, osiągająca niewyobrażalne, rosnące z roku na rok, rozmiary. Dla dręczycieli zwierząt, którzy wyspecjalizowali się w ich cierpieniu, jest to biznes dający na Ziemi poważne zyski. Jednak w zaświatach zdobyte tak srebrniki zostaną zaksięgowane przez nadrzędną księgowość po stronie winien konta życia.

Także lasy i pola są dotknięte okrucieństwem kościelnych świąt. Z zasadzki, z ukrycia myśliwi brutalnie zabijają każdego roku dziesiątki tysięcy saren oraz inne dzikie zwierzęta, takie jak zające i dziki, przy czym wiele zwierząt jest tylko postrzelonych lub ma odstrzelone fragmenty ciała, tak że ciężko ranne kryją się przed tropiącym zdobycz człowiekiem i konają powoli w niekończących się bólach.

Zwierzęta, których walka o życie była krótsza, nazywane przez myśliwych „zdobyczą", są błogosławione przez kapłanów, którzy nazywają siebie chrześcijanami. Na „święto miłości" na stół trafia dobrze przyrządzony sarni udziec ze zwierzęcia, które miało za sobą ciężką, bolesną śmierć – i to jest ta „błogosławiona" „cicha noc, święta noc".

I tak ze „świętej nocy", kiedy prawdziwi chrześcijanie idący w ślady Jezusa z Nazaretu powinni w ciszy głębokiej modlitwy doświadczać Chrystusa Bożego w swoim wnętrzu, robi się krwawa łaźnia i uczta kanibali uzewnętrznionego chrześcijaństwa, co w oczach Boga jest obrzydliwością i zamyka bramy niebios.

Z kościelnym błogosławieństwem ludzie bezmyślnie i obojętnie spędzają świąteczne godziny naznaczonej nieszczęściem, mrocznej nocy, której nie jest w stanie rozjaśnić nawet dym kościelnych kadzideł, gdyż ślepi przywódcy religii, jak nazywał ich Jezus z Nazaretu, mogą poprowadzić tylko w przepaść.

Zgubne szaleństwo biegnie dalej:

Podobnie jak ze zwierzętami rzecz się ma ze świątecznymi choinkami. Zwyczaj strojenia choinki rozpowszechnił się w dziewiętnastym wieku. Ale dopiero od dwudziestego wieku wyrosła z niego masakra młodych drzewek, która w niczym nie ustępuje masakrze zwierząt. Obojętne, gardzące życiem negatywne myśli wielu ludzi łączą się w energie masakry, które eksterminują miliony młodych, żywych drzewek. Młode życie rośliny, z silnymi korzeniami, pełne soków i siły, pełne radości na kolejną wiosnę, kiedy dalej by rosło, służąc różnorodnemu życiu z Boga jako pokarm i schronienie, kiedy by kwitło i rodziło nasiona oraz dawało cień – jest zwyczajnie ścinane piłą lub siekierą, żeby sprowadzony na manowce człowiek na kilka krótkich tygodni przystroił sobie pokój albo żeby jako miejska choinka stanąć na jakimś placu jako ofiara pogańskiego kultu.

Wszystko przebiega z błogosławieństwem kościelnych autorytetów nazywających siebie kapłanami i niewiele rozumiejących z życia, którym we wszystkim i we wszystkich jest Bóg.

Wielu ludzi zdaje sobie sprawę, że drzewa i rośliny zielne są żyjącymi istotami. Naukowe badania wzajemnych powiązań w lasach i na polach dowiodły, że drzewa i rośliny zielne przekazują sobie wzajemnie informacje na duże odległości. Stwierdzono też, że drzewa i rośliny zielne reagują na zwracających się do nich ludzi i lubią klasyczną muzykę. Zaobserwowano, że rośliny, którym puszczano harmonijną klasyczną muzykę rodziły szczególnie piękne owoce. Wiadomo, że drzewa i rośliny zielne mogą doznawać radości i stresu, wszystko podobnie jak u ludzi i zwierząt.

Uczestnik rozmów poprosił o możliwość dosadnego wyrażenia tego, co w rzeczywistości dzieje się ze zwierzętami i roślinami z okazji tak zwanych świąt. Chcemy przytoczyć tu tę wypowiedź. Po co przemilczać prawdę?

Mordercze rytuały towarzyszące tak zwanym kościelnym świętom, czy będzie to ofiara z życia indyka, gęsi, sarny czy choinki, oraz te dokonywane w innych sytuacjach przez cały rok są wbrew prawu życia, którym jest Bóg, i łamią piąte przykazanie „Nie będziesz zabijać".

Właśnie w czasie świąt Bożego Narodzenia słyszy się w pieśniach kościelnych o radosnym, błogosławionym, niosącym łaskę czasie Bożego Narodzenia.

A jednak bez zmiłowania miliony zwierząt są składane w ofierze Baalowi, miliony hektolitrów krwi spływają do ponoć chrześcijańskiej kanalizacji. Bezdusznie ścina się miliony drzew, a krótko później lądują one na „chrześcijańskim wysypisku". Można by wręcz uwierzyć, że większość ludzi jest w stanie demonicznej masowej hipnozy, tak że stracili oni zdolność do jakichkolwiek odczuć, uczuć i myśli oraz pozytywnego ujęcia się za życiem, a także zdecydowanych działań na rzecz życia. Czy ten okropny przelew krwi ma cokolwiek wspólnego z etyką i moralnością?

Przywołane tu przykłady odnoszą się w równym stopniu do wszystkich zwierząt i roślin na całej Ziemi.

Narzędzia walki pięciu komponentów nie hamują przed kaczką ani gęsią, przed świnią ani kurą, przed krową, karpiem, łososiem, przed drzewem ani przed kwiatem, a to zawsze jest życie, które jest życia pozbawiane. Jeszcze dziś dzieje się to w najróżniejszy sposób pod hasłem: Oddaj cześć „Baalowi" – choć ten ukryty jest dziś pod kilkoma płaszczykami.

Poprzez Bożego proroka Izajasza Bóg, Odwieczny, objawił:

„Biada tym, którzy nazywają złe dobrem, a dobre złem; którzy pokładają ciemność za światłość, a światłość za ciemność; którzy pokładają gorzkość za słodkość, a słodkość za gorzkość!

Biada tym, którzy się sobie zdadzą być mądrymi, a sami u siebie roztropnymi!".

Załamanie klimatu nauczy ludzi więcej. Granice, których ludzki gatunek nie umie sobie nakreślić, są jego zagładą. Także Paweł, wysoko ceniony przez Kościoły, głosił jednoznacznie: „Co człowiek sieje, to zbierze".

Pięć komponentów okiem medyka

Centralnym narządem sterowania i kształtowania w naszym ciele jest mózg. Składa się on z trzech głównych obszarów, które odpowiadają różnym etapom ewolucji: z pnia mózgu, układu limbicznego i kory mózgowej. Pień mózgu jest najstarszą częścią naszego mózgu. Kontroluje wszystkie istotne dla życia funkcje ciała, takie jak oddychanie, trawienie, bicie serca i tym podobne, czyli kieruje zachowaniami instynktownymi. Układ limbiczny odpowiada za nasze uczucia i emocje, a kora nowa, neokorteks, na obu półkulach mózgowych, połączonych tak zwanym ciałem modzelowatym, odpowiada za funkcje kognitywne, za myślenie analityczne. Zarazem całe ludzkie ciało jest odzwierciedlone w korze mózgowej.

W każdej chwili wszystkie informacje docierające do ciała „z zewnątrz" i za pośrednictwem zmysłów trafiające do mózgu są opracowywane przez wszystkie obszary mózgu, tak że ostatecznie w człowieku powstaje indywidualny obraz, ukształtowany wszystkimi zapisanymi kiedykolwiek w mózgu informacjami.

Najmniejszą jednostką w komórkowej budowie mózgu jest neuron. W mózgu jest około 100 miliardów neuronów. Neurony kontaktują się z innymi komórkami miejscami styku, które nazywają się synapsami. Każda komórka nerwowa wchodzi w kontakt z innymi komórkami nerwowymi przez ponad 10 000 synaps. Suma tych połączeń jest niewyobrażalnie wielka. Liczbę synaps szacuje się na ponad 50 000 miliardów. Mózg jest centralą tej olbrzymiej sieci, do której podłączona jest każda komórka, każdy narząd – sieci, która ulega ciągłym zmianom. Na synapsach trwa ciągła aktywność falowa do 20 impulsów na sekundę. Najdrobniejsza zmiana w obszarze synapsy może mieć poważny wpływ na całą sieć neuronową. Znaczy to, że każda drobna zmiana w naszej sieci neuronowej wpływa na cały organizm.

Komunikacja komórek nerwowych z tysiącami innych komórek, a wśród nich zarówno z komórkami nerwowymi w mózgu i w ciele, jak i komórkami mięśni i narządów, odbywa się na drodze przewodzenia elektrycznego lub biochemicznego. Wewnątrz komórek nerwowych impulsy przewodzone są przeważnie elektrycznie, a przejście przez synapsę, przez przerwę między dwiema komórkami, następuje na drodze biochemicznej za pośrednictwem tak zwanych neuroprzekaźników, które wytwarzane są przez komórkę nerwową. Żeby zadziałać, dany neuroprzekaźnik potrzebuje receptora, miejsca przyłączenia, które jest specyficzne dla tego neuroprzekaźnika.

Takie receptory występują nie tylko w mózgu, ale także w każdym miejscu w ciele. W tych miejscach neuroprzekaźniki mogą na przykład działać na podobieństwo hormonów. Tym samym zmiana w naszych myślach i uczuciach powoduje reakcję, zmianę, nie tylko w mózgu, ale w całym ciele. Taka zmiana w ciele zawsze powiązana jest z kompleksem myśli i uczuć, który do niej doprowadził.

Psychoneuroimmunologia jest nauką zajmującą się powiązaniami między mózgiem a układem odpornościowym.

Układ nerwowy i układ odpornościowy komunikują się ze sobą między innymi za pośrednictwem wspomnianych neuroprzekaźników. Przypuszcza się, że myśli i uczucia stymulują mózg do wydzielenia określonych neuroprzekaźników, które następnie wpływają na układ odpornościowy. Takie neuroprzekaźniki mogą też wpływać bezpośrednio na DNA w komórce, na materiał dziedziczny. Niektórzy badacze określają nawet choroby takie jak rak chorobami błędnej informacji.

Geny składają się z kwasów nukleinowych. Aktywność genu wymaga regulatora, sterowania. Dzieje się to na przykład poprzez aktywację lub dezaktywację pewnych odcinków genów, przez co zmienia się ich funkcja. Ta regulacja jest zależna od wymiany informacji, która ciągle się zmienia. Produktem genów są białka. To, które białko powstanie, zależy od tego, które odcinki genu są aktywne lub nieaktywne. Białka w ciele tworzą szkielet i budulec komórek i narządów. Większość komórek ciała odnawia się co 7-10 lat, tak że po takim czasie ciało jest całkowicie zmienione.

Podsumowując, można powiedzieć, że układ nerwowy, układ odpornościowy i substancje przekaźnikowe są w ścisłej zależności. Wiadomo dziś, że istnieje wiele substancji przekaźnikowych, które w układzie nerwowym są neuroprzekaźnikami, a w układzie odpornościowym cytokinami.

Współcześnie dowiedziono, że substancje przekaźnikowe układu nerwowego mają wpływ na leukocyty, a te wzajemnie oddziałują na neuroprzekaźniki układu nerwowego. Choroby powstają zawsze przez współgranie czynników nerwowych, genetycznych, immunologicznych i psychicznych.

Nasze myśli i związane z nimi emocje mają przy tym największą siłę oddziaływania. Przykładem tego jest efekt placebo. Sama myśl, wyobrażenie, że lek uśmierzy ból, powoduje uśmierzenie bólu.

To, że nie jest to tylko „wmówienie sobie", ale że rzeczywiście wyobrażenie sobie czegoś wywołuje biochemiczną reakcję w ciele, jest już naukowo udowodnione.

Zrozumiałe staje się więc, jak treści naszych odczuć, uczuć, myśli, słów i czynów, które nie są zgodne z harmonią życia, stają się amunicją i koniec końców wywołują zmiany chorobowe w ciele.

Głównym narzędziem walki, którym zmieniamy swoje ciało, są myśli. Słowo, czyn są zawsze poprzedzone myślą. Uczucia i odczucia są dla nas mało konkretne, trudne do uchwycenia. Dopiero gdy formują się w obrazy myślowe, stają się rzeczywiste i namacalne.

Przy „zastanawianiu się nad daną sprawą" powstaje obraz na podobieństwo coraz bardziej *realistycznego filmu. Jeśli na przykład mamy za sobą kłótnię, która skończyła się stanem zawieszenia i nad którą rozmyślamy, to obraz kłótni obrasta kolejnymi szczegółami, coraz większą ilością uczuć; na przykład wewnętrzne dyskusje nabierają realizmu, stopniowo stają się dla nas rzeczywiste. Nasze emocje także permanentnie się zmieniają i dopasowują się do chwilowego rozwoju akcji wewnętrznego filmu. Aż wreszcie w określony sposób odezwiemy się lub postąpimy. Każda myśl powoduje w chemicznej fabryce mózgu wyrzut neuropeptydów, które ciągle, w każdej sekundzie, zmieniają ciało. Myśli negatywne prowadzą do choroby. Choroby to stany błędnej informacji.*

W badaniach mózgu nazywa się to zjawiskiem autokatalizy, co znaczy, że części mózgu wchodzą w samonapędzający się proces. Ma to między innymi miejsce wtedy, gdy człowiek, jak w podanym wcześniej przykładzie, produkuje myśli i uczucia, które w toku autokatalizy nabierają mocy, aż zapanują nad człowiekiem. Taki strumień energii i informacji wzmocniony autokatalitycznie kształtuje wówczas ciało.

Johannes Holler w swojej książce „Das neue Gehirn" (Nowy mózg) pisze: „Tak software zmienia hardware!". W pozytywności prowadzi to do spotęgowania stanu zdrowia i radości życia, w negatywności do chorób, kłopotów, depresji, a być może do napaści słownych i rękoczynów.

Renomowani neurolodzy, jak na przykład profesor Gerald Hüther z uniwersytetów w Getyndze, Mannheim oraz w Heidelbergu, zajmują się mocą wewnętrznych obrazów. Gerald Hüther wyciąga wniosek, że człowiek działa w oparciu o swoje obrazy, które ma w głowie, a nie w oparciu o rzeczywistość. Jako jeden z niewielu naukowców twierdzi, że człowiek może zmienić siebie, zmieniając swoje wewnętrzne obrazy.

Pięcioma narzędziami walki: negatywnymi odczuciami, uczuciami, myślami, słowami i czynami, szkodzimy więc najbardziej samym sobie, ponieważ każde z tych narzędzi walki działa niszczycielsko bezpośrednio w naszym mózgu i w naszym ciele, zanim uderzy w cokolwiek innego. To właściwie powolne, ale pewne samobójstwo.

Droga rozpoznania do uwolnienia duszy
Możemy odeprzeć myślową katastrofę

Jak już wyjaśniono, każdy w pięciu komponentach ma inny rodzaj amunicji, którą odpowiednio wcześnie należy rozbroić, zanim zostanie wystrzelona i salwy trafią innych, przez co może powstać związek kauzalny, w którym każdy trafiony jest związany z podobnymi sobie.

Tego rodzaju związaniom należy od razu dać odpór, ponieważ każdy, kto jest czujny i ma siebie pod kontrolą, może sam przywołać się do porządku i zrozumieć, co w danych okolicznościach jest powodem treściowego kataklizmu w myślach. Na przykład może sobie samemu zadać pytania: Co może być uporządkowane? Co już zostało wysłane? Albo: Co trzeba przeciwstawić niskiej treści myśli, narzędziom walki w naszych pięciu komponentach? Lub też: Co da się od razu odłożyć, a co trzeba oczyścić z ludźmi?

Treści pięciu uporządkowanych komponentów powinny ostatecznie być drogą uwolnienia od błędnych sposobów zachowania. Powinny też być drogą uwolnienia duszy, która koniec końców zapisuje nasze przyczyny i jest potem nimi obciążona.

Kto pragnie prawdziwej wolności, a także dobrobytu, zdrowia i pokoju, powinien przeistoczyć swoje narzędzia walki przeciw ludziom, zwierzętom, przyrodzie w świetliste siły, w przyjazne uczucia, odczucia i myśli oraz w szczere, prostolinijne słowa, a jego zachowanie powinno we wszystkich pięciu komponentach być tym, czego uczył nas Jezus z Nazaretu: *Co chcesz, żeby inni zrobili dla ciebie, zrób najpierw dla nich.* Czy innymi słowy: *Nie czyń drugiemu, co tobie niemiłe.*

Tym zaczęłoby się życie we Wszech-Jedynym.

To byłoby stopniowe wyzwalanie swojego jądra istoty i oddanie sprawiedliwości mieszkającej w człowieku istocie duchowej, którą każdy jest w sednie swojej duszy.

Człowiek, jądro istoty
i istota duchowa

Żeby zrozumieć wzajemne stosunki człowieka, jądra istoty i istoty duchowej, przyjrzyjmy się najpierw człowiekowi: Sądzimy, że znamy zaprzyjaźnionego człowieka. Jego imię i wygląd nie są nam obce. Mówimy na przykład: „To jest Martin". Czy znamy „człowieka Martina"? W rzeczywistości znamy tylko jego imię. Jego tożsamością są zapisy w jego mózgu.

Mózg zapisuje u każdego z nas uczucia, odczucia, myśli i słowa oraz postępowanie jako sekwencje obrazów. Z czasem mózg przenosi te informacje w komórki i w całe ciało. Nasze fizyczne ciało jest w ciągłej komunikacji z mózgiem, a mózg ze wszystkimi komórkami ciała, procesami zachodzącymi w ciele, ze wszystkimi składnikami fizycznego ciała. Oznacza to, że zapisy w mózgu są w komunikacji ze wszystkimi składnikami ciała. Nasz mózg wylewa więc tylko to, czym napełniliśmy jego komórki.

A jak jest z jądrem istoty? Mówiąc naszymi ukształtowanymi trzema wymiarami słowami: Boskie jądro istoty jest skondensowanym Bytem, źródłem nadawczo-odbiorczym boskiej istoty. Jądro istoty jest skompresowanym świetlistym eterem, podobnie jak duchowe ciało. Poprzez jądro istoty strukturę cząsteczkową istoty duchowej przenika świetlisty eter, prawo nieskończoności.

Struktura cząsteczkowa duszy i struktura komórkowa fizycznego ciała są przenikane przez świetlisty eter w takim stopniu, w jakim cząsteczki duszy i komórki w strukturze fizycznego ciała są pozbawione obciążeń. Bóg jest wszechobecny – nawet jeśli budowa fizycznego ciała ma całkowicie odmienną strukturę.

Człowiek ma narządy, kości, ścięgna, więzadła, mięśnie, nerwy, naczynia krwionośne i limfatyczne i tak dalej – wszystkie elementy, z których zbudowane jest fizyczne ciało.

Ciało boskiej istoty składa się natomiast ze struktury cząsteczkowej. Przez odległą analogię moglibyśmy sobie wyobrazić boskie ciało podobnie do rybich łusek. Cząsteczki nie leżą jednak obok siebie, tylko jedna na drugiej i są w sobie wzajemnie zawarte.

Całe ciało istoty duchowej składa się wyłącznie z wachlarzowo złożonych w sobie i zawartych w sobie cząstek. W najdelikatniejszym, łuskowatym tworze są ułożone wszystkie duchowe atomy wieczności, które otrzymują kosmiczną energię Wszech-Jedności z jądra istoty, z pra-serca.

Doskonałym przykładem może być także róża. Kiedy rozwija się kwiat róży, widać zwinięte, zachodzące na siebie płatki, otaczające oczko kwiatu. Płatki róży są ułożone wachlarzowato, podobnie jak poruszająca się w sobie łuskowata struktura.

Duchowe ciało nie ma zatem struktury komórkowej, nie ma narządów, kości, więzadeł, ścięgien, mięśni ani innych części. To absolutnie duchowo-eteryczna substancja, zatem subtelna, nieważka i całkowicie elastyczna.

Pojęcia „nieważkości” też właściwie nie możemy opisać. Bowiem mówiąc „nieważkie”, mówimy, że to „coś lżejszego niż lekkie”. Ale to, co określamy jako „lekkie” czy nawet „nieważkie”, odnosi się niezmiennie do ciężaru. Duchowe ciało nie ma ciężaru, nie ma wagi.

Podobnie rzecz się ma, gdy chcemy pojąć prawdziwą realność słowa „wieczność”. Wieczność to wszechświat, to świetlisty eter, który nieustannie się rozszerza i porusza, a we wszystkim i we wszystkich jest Odwieczny, wszechobecny Duch, Bóg.

Czy możemy oddać wieczność pojęciem „czasu"? Nie możemy. W wieczności nie ma czasu ani przestrzeni. Nie możemy też pojęciami czasu i przestrzeni opisać eonu ani cyklu eonów.

Nie zapominajmy, że wszystko, cokolwiek słyszymy bądź czytamy o królestwie Bożym, to mniej niż powiew wieczności.

Przetransformowana na niższy poziom energia, świetlisty eter, przez postępujące zagęszczenie nabrała cech czasu i przestrzeni; dlatego człowiek porusza się w przestrzeni i w czasie i jest nimi odpowiednio ukształtowany. Jego ciało ma ciężar, ma masę. A jednak otrzymuje on od Pra-Siły duchową energię poprzez jądro istoty, które w człowieku mieści się w pobliżu przysadki mózgowej.

Wypływające z Pra-Siły duchowe energie płyną przez duszę do duchowych ośrodków znajdujących się w fizycznym ciele, a stamtąd do wszystkich składników ciała.

W ciele człowieka jest siedem duchowych centrów, poprzez które Duch wpływa w człowieka.

Tych siedem centrów świadomości odpowiada istotnościom i właściwościom Boga. To stacje rozdzielcze dla wpływających sił eterycznych. Każdy narząd fizycznego ciała jest połączony z jednym z tych ośrodków siły i w ten sposób zasilany jest niezbędną do życia energią.

Istota duchowa jest natomiast w swojej strukturze cząsteczkowej tym samym, co jądro istoty, uniwersalnym życiem, wszech-jednością.

W porównaniu do tego człowiek jest tym, co włożył w komórki swojego mózgu, co w nich zapisał. Mózg człowieka jest transformatorem pomiędzy wszystkimi komórkami i składnikami ciała, i tym, co sądzi, że czuje, odczuwa, myśli, mówi i robi.

To, co wysyła ludzki mózg, to człowiek, to jego nacechowanie; to samo odzwierciedla jego pięć komponentów.

Cząsteczka boskiego ciała, czyli istota duchowa, jest jednym z pra-sercem, jądrem istoty, z Bogiem, Odwiecznym w jądrze istoty.

Bóg, Odwieczny, mówi w jądrze istoty, a istota duchowa jest Jego Słowem i jest boskim ciałem, jednym z Bogiem Ojcem, który jest też Matką.

Odpowiednio do swojego stanu świadomości Jego Wszech-Słowo odbierają też wszystkie formy życia. Również człowiek, który jest w stanie odebrać Jego Wszech-Słowo, odbiera je poprzez jądro istoty.

Porównanie: ziemskie techniki łączności a zasada wszech-łączności

Być może dla niektórych czytelników rozwiązaniem zagadki jest telefon komórkowy. Takie kulejące porównanie może nam pomóc lepiej zrozumieć Wszech-Słowo.

Po co nam, ludziom, telefon komórkowy?

Transformując porównanie na najniższy poziom, możemy zestawić jądro istoty z telefonem komórkowym. Numer rozmówcy to przy tym nic innego jak specyficzna częstotliwość, która jest wybierana z sieci mieszczącej w sobie wszystkie możliwe częstotliwości. Dzwoniący, wybierając numer w swoim telefonie, wywołuje częstotliwość rozmówcy i tym samym łączy się z nim, z jednym specyficznym uczestnikiem sieci spośród wszystkich jej użytkowników.

Trzymając się tego przykładu: Jeśli użytkownik nie ma numeru, czyli częstotliwości wybierania właściciela telefonu, którego chce osiągnąć, to nie może się z nim połączyć. Drugi użytkownik sieci jest wprawdzie w tej samej sieci łączności, ale nie można się z nim skomunikować, bo nie da się nawiązać połączenia – nie ma do niego dostępu.

Żeby używać telefonów komórkowych, dzwoniący musi mieć numer rozmówcy.

Istota duchowa nie potrzebuje numeru telefonu tej czy innej formy życia, tej czy innej istoty duchowej, ponieważ ma wszystko w sobie i jest w łączności ze wszystkim.

Mówiąc w przenośni, odnosząc przykład do uniwersalnej, mówiącej Wszech-Jedności można by powiedzieć, że człowiek jest numerem. Jeśli jego numer nie występuje w ludzkiej sieci łączności, to ma się wrażenie, jakby nie istniał.

Ludzka zdolność postrzegania jest znacznie ograniczona. Zwierzę może nam na przykład posyłać sekwencje obrazów – ale my ich nie rozumiemy, ponieważ nie komunikujemy się poprzez jądro istoty, a jedynie zewnętrznymi zmysłami z innymi ludźmi, a jeżeli w grę wchodzi odległość, to przez telefon, Internet, e-mail i im podobne, przy czym tylko wtedy, gdy mamy odpowiedni numer bądź adres. Czyli człowiek numer musi być jakoś klik-nięty lub wystukany.

Mimo że my, ludzie, również myślimy i mówimy sekwencjami obrazów, rzadko rozumiemy się wzajemnie i niemal nie rozumiemy zwierząt. Podobnie skomunikowanie się z roślinami lub minerałami jest dla większości ludzi obce, nie mówiąc już o komunikacji we wszech-łączności.

To kulejące porównanie pokazuje, że ludzkie środki łączności można opisać jako upośledzenie i duchowe ubóstwo.

Zwierzęta natomiast nie są numerami, ale życiem w eterycznej sieci łączności miłości do Boga i bliźniego.

Strona przeciwna, przeciwnik Boga, wie dobrze o wszechobejmującym źródle stwórczym, o wszech--łączności Wszech-Bytu. Dlatego próbuje przetransformować tę wiedzę na niski poziom doczesności, w to, co ziemskie. Dokonuje tego na przykład przez fale radiowe, telewizyjne i inne środki łączności.

Jak powiedziano, wszech-łączność Wszech-Bytu została przetransformowana, ściągnięta na poziom materii.

Jednakże ta przetransformowana na niski poziom wszech-mądrość, tak fascynująca dla wielu ludzi, może nam pomóc w przybliżeniu zrozumieć, co w dziedzinie łączności naprawdę dzieje się we wszechświecie. Bowiem wszech-łączność jest środkiem łączności z całym czystym Bytem.

Nasz fizyczny telefon komórkowy to prymitywny środek łączności, dotyczący wyłącznie ludzi.

Człowiek nie ma nawet połączenia z Ziemią, nie mówiąc już o wszechświecie, z którego pochodzi życie.

Wszystkie istoty duchowe są natomiast w łączności z każdą planetą, z każdym słońcem, z wiecznym Bytem, ponieważ są skompresowanym eterycznym wszech-prawem i dziedzicami nieskończoności.

Zasadę wszech-łączności dzieci królestwa Bożego przyjęły i wchłonęły w toku swojego duchowego rozwoju w obszarach rozwoju oraz poprzez dualność. Wszystkie boskie istoty są wobec tego dziedzicami nieskończoności, i to w równym stopniu.

Wszystko jest ze sobą wzajemnie połączone przez wszech-łączność, mimo różnych stopni dojrzałości u roślin i zwierząt.

Jak już wspomniano, gatunki roślin i zwierząt mają różne stopnie świadomości, zależnie od swojego duchowego rozwoju. Łączność duchowego dziecięctwa z Bogiem Ojcem-Matką jest w nich jeszcze uśpiona. Rośliny są jeszcze, jako zalążki, włączone w duchowy zespół. Ale nawet zalążek, kiełkujące, kształtujące się roślinne życie ma już odpowiednie do stanu świadomości duchowo-boskie cząsteczki.

Mimo różnych stopni dojrzałości wszystko jest przez łączność połączone ze sobą nawzajem oraz z Wszech-Jedynym, Duchem Stwórczym, który jest jako światło i siła w swoich stworzeniach.

Gdybyśmy mogli spytać zwierzę, dowolnego stopnia dojrzałości: „Czy jesteś obciążone?", odpowiedziałoby, gdybyśmy mogli je usłyszeć: „Co rozumiesz jako obciążenie?".

Na kolejne pytanie: „Czy jesteś w stałej łączności ze swoim Stwórcą?", zwierzę odpowiedziałoby, gdybyśmy mogli je zrozumieć: „Co masz na myśli, mówiąc: w łączności? Jestem w Jego Prawie".

Zwierzę nie wiedziałoby, co mamy na myśli, mówiąc: „Czym jest łączność?". Ono po prostu stwierdza: „Jestem".

I gdybyśmy zadali roślinie pytanie: „Jak rozumiesz łączność?", roślina odpowiedziałaby: „Nie rozumiem, o co wam chodzi".

Gdybyśmy drążyli dalej: „Jesteś przecież w łączności ze swoim Stwórcą!", roślina odparłaby: „Przecież jestem w Nim!".

To byłaby zatem odpowiedź zwierząt, roślin a nawet minerałów, kamieni: „Nie wiem, co masz na myśli. Jestem w strumieniu życia. Żyję z Boga i w Bogu, Odwiecznym. Jestem w Jego Duchu".

W starych pismach przekazano następującą przypowieść o naszym bycie:

Wtedy przyszło do Jezusa kilku, którzy byli pełni wątpliwości, i rzekli: „Tyś nam powiedział, że nasze życie i nasz byt są od Boga, lecz myśmy nigdy Boga nie widzieli ani nie znamy Boga. Czy możesz nam pokazać Tego, którego nazywasz Ojcem i jedynym Bogiem? My nie wiemy, czy jakiś Bóg istnieje".

Odpowiadając, Jezus rzekł im: „Posłuchajcie tej przypowieści o rybach. W pewnej rzece ryby rozmawiały ze sobą i mówiły: Opowiadają nam, że życie nasze i nasz byt pochodzą z wody, ale myśmy nigdy wody nie widziały i nie wiemy, czym ona jest.

Wtedy niektóre z nich, mądrzejsze od innych, rzekły: Słyszałyśmy, że w morzu żyje pewna mądra i uczona ryba, która zna wszystkie sprawy. Pójdźmy do niej i poprośmy ją, aby pokazała nam wodę.

Wybrały się przeto niektóre z nich, aby szukać wielkiej i mądrej ryby, aż w końcu przybyły do morza, w którym ta ryba żyła, i pytały ją.

A gdy ona wysłuchała ich, rzekła do nich: Ach wy głupie ryby, że też jesteście tak bezmyślne! Ale mądre jesteście wy nieliczne, które poszukujecie. W wodzie żyjecie i poruszacie się, i macie swój byt; z wody powstałyście, w wodę się znów obrócicie. Żyjecie w wodzie, ale nie wiecie o tym".

*Tak samo wy żyjecie w Bogu, a jednak prosi-
cie Mnie: „Ukaż nam Boga". Bóg jest we wszystkim
i wszystko jest w Bogu. (Ewangelia Jezusa)*

Wszystkie czyste istoty z Boga są we wszech-oceanie, w świetlistym eterze, czyli we wszech-bycie.
Większość ludzi niemal nie ma kontaktu z „wszech-
-oceanem", ponieważ w pewnym sensie sami się wy-
rzucili na ląd. I teraz wielu poszukuje muszli, żeby
w jej szumie usłyszeć, kim lub czym są.

Stale powraca pytanie: Co człowiek narobił
swoim ego, swoim samolubstwem, swoją miłością
własną?

Czym właściwie jest miłość?

Większość ludzi odwróciła się od wszechmocnej
jedności, od mówiącej Wszech-Jedności, od Słowa
Uniwersalnego Ducha Stwórczego. Świat progra-
mów człowieka jest w opozycji do prawa jedności,
do bożej i braterskiej miłości. W tych błędnych po-
stawach, w bazującym na miłości własnej „sam jestem sobie bliźnim" egocentrycznym nastawieniu,
miota się wielu.

Wciąż słyszymy jako usprawiedliwienie: „My, ludzie, po prostu oddaliliśmy się od miłości do Boga i do bliźniego". Często nasuwa się wtedy pytanie: Czym właściwie jest miłość?

Miłość jest prawem nieskończoności. To wszech--płynący świetlisty eter. Miłość to miłość do Boga i bliźniego, to Bóg Ojciec-Matka, to wieczny Wszech-Jedyny, to siła, światło i prawo we wszystkich Jego stworzeniach, a ostatecznie także w ludziach, w głębi dusz.

Jeśli nie słyszymy Jego, Wszech-Jedynego, to możemy wyjść z założenia, że zaprogramowaliśmy się poglądem: „Sam sobie jestem bliźnim", co w najszerszym sensie znaczy: „sam jestem bogiem! – a przynajmniej podobnym bogu!". Wielu ludzi zachowuje się jakby byli nad-bogami, szczególnie w obszarach nauki, teologii i tym podobnych. Ludzkim wyzwalaczem, „sam sobie jestem bliźnim!", miłością własną, czyli samolubstwem, my, ludzie, stawiamy się ponad prawdą, którą jest Bóg.

Co znaczy stawiać się ponad Boga? To koniec końców upadek. Myśl upadku brzmi: „nie wierzę w Boga" lub „odwróciłem się od Boga, bo chcę być od Niego większy". A co jest skutkiem odwrócenia się od Boga, od prawdziwego życia? Choroba, niedostatek, zaraza, samotność i wszelkie zło, a nierzadko także śmierć, rozdzierający krzyk aż po zgon fizycznego ciała.

W rzeczywistości ginie tylko materialna forma bytu, fizyczne ciało – a nawet nie ono, bo należy do Ziemi, w którą jest składane by się przeistoczyć: proch do prochu – nie ginie jednak dusza, nasz prawdziwy Byt, jądro istoty.

Odwracając się od Boskości, człowiek zerwał prawdziwą, głęboką komunikację z wszechświatem, ze wszystkimi istotami Bytu i z Bogiem przez to, że – jeden w większym, drugi w mniejszym stopniu – zanegował wszelką wzniosłość, która koniec końców jest w człowieku, w nas, w głębi ludzkiej duszy. Tym samym człowiek zaćmił, a zarazem obciążył część swojej duszy, część duchowej struktury cząsteczkowej, i niejeden swoim „ja chcę" wydał siebie, żeby nie powiedzieć zaprzedał się, stronie przeciwnej.

Chce się tego, czego się nie ma, a czego się nie ma, tego się nie pojmuje i tym niepojętym zniewala się siebie i zaprzedaje innym.

Musielibyśmy codziennie przypominać sobie, kim jesteśmy w Duchu Boga, naszego niebiańskiego Ojca, i odpowiednio do tego się zachowywać. W Bogu, naszym wiecznym Ojcu, jesteśmy nieskalanymi synami i córkami Boga, tyle że nasze boskie ciała są zasłonięte naszym błędnym, zaprzeczającym Bogu myśleniem, mówieniem i postępowaniem, przez pięć komponentów, które, jak przeczytaliśmy, mogą stać się pociskami, które nas trafią.

Ponieważ jest, jak jest, powinniśmy jak najszybciej ruszyć drogą powrotną i oczyścić się z obrzydliwości, którymi obarczyliśmy siebie, a być może nawet innych. Każdego dnia moglibyśmy robić sobie rachunek sumienia w zakresie swoich jeszcze istniejących mniejszych bądź większych wykroczeń oraz ewentualnych powodów takiego postępowania. Często są nimi stare przywary i wady aż po złośliwość.

Odrzućmy więc to, co nas ostatecznie zniewala i dosłownie wpycha w ręce przeciwnika!

Powinniśmy, wręcz musielibyśmy każdego dnia, przy wszystkim, co nas poruszy, stawiać sobie pytanie: Czy to jest wolą Boga?

Ostatecznie każdego dnia wypływa pytanie: Czy właściwie chcę zrobić to, czego chce Bóg? Jeśli tak, to trzeba zrobić porządek przez poznanie samego siebie i oczyszczanie.

Stale słyszy się tę decydującą kwestię: „Kim lub czym będę, jeśli usunę i przestanę powtarzać to, co sprzeczne z Prawem, niedobre, co często stanowi mój napęd? Czym mam to zastąpić?". Mogę na przykład stwierdzić: Będę swobodniejszy, szczęśliwszy. Będzie mi łatwiej się skoncentrować, swobodniej i sprawniej wykonam swoją pracę. Nauczę się słuchać, by lepiej zrozumieć swoich bliźnich. Zbliżę się do świata zwierząt i roślin i tak dalej.

Jezus, Chrystus, powiedział tak: *Bądźcie doskonali, jak doskonały jest wasz Ojciec w niebie.* Sprowadza się to jedynie do tego, by wrócić do prapoczątku w sobie. Z czasem lepiej zrozumiemy też inne słowa Jezusa z Nazaretu, który uczył nas, ludzi: *Królestwo Boże jest w was.* Królestwo Boże jest jako esencja jądra istoty w boskim duchowym ciele.

Kiedy oswobodzone jest jądro istoty, mamy też „czyste", zgodne z wolą Boga uczucia, odczucia i myśli oraz odpowiadające woli Bożej, łączące słowa i zgodne z Prawem czyny. Jeśli fizyczne ciało oczyściło się z wszelkich egoistycznych naleciałości, korzyści odnosi również mózg. Odpowiednio do oczyszczania się ze sprzeczności z Prawem oczyszcza się też dusza. Oznacza to stopniowe nawiązywanie kontaktu z wyższym życiem.

Tchnienie Boga – Wszech-Prawo, świetlisty eter

Tchnienie, wieczne, wszechobecne życie, to Bóg, Wszech-Prawo, wszech-siła życia. To świetlisty eter, w którym zanurzony jest cały ukształtowany boski Byt.

Świetlisty eter jest Wszech-Życiem, Tchnieniem Boga, którym oddychamy my, ludzie, oraz wszystkie zwierzęta i rośliny, odpowiednio do życia w materialnym zagęszczeniu. Jeśli w tej chwili zamkniemy usta i zatkamy nos, przestaniemy oddychać. Dlaczego? – Ponieważ siła życiowa, Tchnienie Boga, nie dociera już z oddechem do ciała.

Zaczerpnięcie powietrza, tlenu, człowiek nazywa oddychaniem. A przecież we wszystkim jest Tchnienie Boga, życie, siła życiowa. Siła życiowa, Tchnienie, zaopatruje poprzez oddech wszystkie elementy fizycznego ciała, ponadto wieczny Bóg-Stworzyciel daje ludziom, podobnie jak zwierzętom i roślinom, pożywienie poprzez Matkę Ziemię. Wszechobecne życie, które płynie do wszystkich ziemskich stworzeń, to zawsze jest miłość Boga.

W całej nieskończoności, z materią włącznie, Nieskończony działa przez swoje cztery pra-siły i trzy siły właściwości, o których ludzie rzadko wspominają.

Z Ducha jedności dowiadujemy się stale, że cztery pra-siły są siłami stwórczymi i sprawczymi nieskończoności. Nauka ma dla czterech pra-sił wiecznego Bytu nazwy, które odpowiadają ich zasięgowi i energetycznemu potencjałowi. A przecież to wciąż jest Wszech-Duch, działanie wszech-jedynego Boga dla Jego dzieci, dla Matki Ziemi, dla świata minerałów, roślin i zwierząt.

My, ludzie, przywykliśmy traktować dość obojętnie i jako zrozumiałe same przez się oddech, powietrze, tlen, wszystko, czego człowiek potrzebuje, by móc żyć na Ziemi – a przecież to ciągle jest jedyny Duch, Wszech-Jedyny, miłość Boga, naszego niebiańskiego Ojca, który umożliwia nam, ludziom, życie doczesne, żebyśmy rozpoznali wszech-życie, odnaleźli swoją prawdziwą świadomość, by powrócić do wieczności.

Tchnienie Boga to niewyczerpalny świetlisty eter, to życie na wieczność. W stwórczej i kształtującej kołysce Tchnienie Boga pobudza duchowe nadawanie kształtu aż do etapu duchowego dziecięctwa, do zasady Ojca-Matki.

Kiedy w stwórczej i kształtującej kołysce, w czterech obszarach rozwoju do dziecięctwa Bożego,

Odwieczny, nadrzędna Pra-Siła, Wszech-Jedyny, napełnia oddechem duchowy atom, czyli pobudza jego ewolucję, rozpoczyna się kształtowanie w królestwach minerałów.

Pierwsze siły minerałów pobudzone do dziecięctwa Bożego Tchnieniem Boga zawierają wszystkie siły nieskończoności, imię powstającego dziecka, parę duali, czyli rodziców, mentalność dziecka, a także symfonie wszechświata: barwę, woń i dźwięk. Wszystkie wszech-siły są włożone w każdą powstającą formę minerału.

Tchnienie Boga to „niech się stanie"
kontynuowane aż po duchowe dziecięctwo

Wróćmy do Tchnienia Boga, którym oddychamy my, ludzie, którym oddychają zwierzęta i które płynie do roślin; cała nieskończoność jest wypełniona Tchnieniem Boga.

Wszystko jest energią. Substancja nośna wiecznego Bytu składa się z niewyczerpalnych atomów świetlistego eteru.

Jądro atomu we wszystkich rodzajach atomów w nieskończoności składa się z pulsującego na najwyższym poziomie świetlistego eteru dobroci, miłości i łagodności. Te trzy siły właściwości są ujęte w miłość, która jest najwyższą siłą stwórczą i sprawczą Wszech-Jedynego.

Jądro atomu, zwane też pra-jądrem, jest okrążane przez cztery pra-siły, siły stwórcze i sprawcze, Porządku Boga, Jego Woli, Jego Mądrości i Jego Powagi, czyli Sprawiedliwości.

Bardzo trudno jest wyrazić naszymi słowami, jak działają stwórcze i sprawcze energie w atomach eteru.

Ponieważ wszystko zawarte jest we wszystkim, w czterech atomowych siłach stwórczych zawarte są również każdorazowo także trzy siły właściwości Boga; to kiełkujące życie w jądrze atomu i we wszystkich siłach stwórczych.

Wymienimy tu tylko istotne atomy eteru. Określamy je naszymi słowami: atomy płodności – inaczej atomy zespołowe, atomy nośne – inaczej atomy stabilizujące, atomy twórcze – inaczej atomy formujące oraz atomy rozwoju – inaczej atomy jednoczące.

Dawcą impulsów dla wszelkiego Bytu, również dla bosko kształtującego życia, jest zawsze duchowe jądro atomu: dobroć, miłość i łagodność ujęte we wszech-miłości, w Bogu Ojcu-Matce.

Przez cztery pra-siły Nieskończony działa w nieskończoności. Jak już jednak wspomniano, najwyżej pulsujące pra-jądro, miłość, jest we wszystkich siłach miarą i skutecznością całej nieskończoności.

„Niech się stanie", Tchnienie Boga, jest siłą miłości Bożej i braterskiej, która jest kontynuowana aż po dziecięctwo duchowe. Duchowe dziecko rozwijające się w dojrzałą istotę duchową dojrzewa do wielkiej rodziny Boga Ojca-Matki w dualności duchowych rodziców.

Jak można sobie wyobrazić takie duchowe narodziny?

Duchowe, boskie „niech się stanie" może nam przybliżyć porównanie.

Co znajduje się w niezapłodnionej komórce jajowej ludzkiej matki? Wkład matki, jej materiał dziedziczny. Zapłodnienie przez mężczyznę dodaje do tego materiał dziedziczny ojca. Oba stapiają się w jednej komórce, która staje się aktywna. Można by powiedzieć: zaczyna drogę swojej ewolucji.

Wróćmy do tego, co boskie: dawania i przyjmowania. Jest to jedna siła, miłość, która w pewnym specyficznym duchowym atomie pobudza „niech się stanie" do dziecięctwa Bożego. W „niech się stanie", specyficznym duchowym rodzaju atomu napełnionym Tchnieniem, zawarte są już zalążki duchowego dziecka, ponieważ, jak wspomniano, wszystko jest we wszystkim.

Podobnie w zapłodnionym ludzkim jajeczku istnieją już zalążki ludzkiego dziecka. Zapłodniona komórka jajowa rozwija się w embrion i stopniowo dojrzewając w ciele matki, staje się dzieckiem.

W boskich obszarach rozwoju, w duchowym inkubatorze, eteryczne, czyli subtelne formy życia rozwijają się aż do poziomu istoty natury, która przechodzi duchowe narodziny w duchowe dziecko pary duali.

Ten skromny rzut oka przez uchylone drzwi może nam wiele powiedzieć, gdy uprzytomnimy sobie jak przebiega rozwój dziecka ludzkiego w ciele matki.

Co da się na przykład dostrzec w macicy na zdjęciu ultrasonograficznym? Widać, że komórka jajowa się podzieliła i że dalsze podziały doprowadziły do powstania embrionu, którego zewnętrzny kształt przypomina kształty embrionów znanych nam również ze świata zwierząt. Embrion rozwija się dalej w płód, który stopniowo nabiera ludzkich rysów, aż powstająca istota zaczyna wyglądać jak człowiek.

A jak to przebiega w przypadku powstającej istoty duchowej? Po przebyciu obszarów rozwoju istota wznoszona jest do poziomu dziecka duchowego, by następnie – jako duchowe dziecko – jeszcze raz uaktywnić w sobie to wszystko, co już sobie przyswoiła.

Mówiąc naszymi słowami: Dziecko duchowe idzie do boskiej kosmicznej szkoły, do czterech obszarów rozwoju, by jako duchowe dziecko uaktywnić siły ewolucyjne, żeby jako istota duchowa mieć

łączność ze wszystkimi formami życia w nieskończoności oraz ze wszystkimi obszarami niebios, ze
wszystkimi ciałami niebieskimi Bytu. Z tego rozwija
się obraz, który następnie otwiera się w jądrze istoty, dzięki czemu możliwe jest wejrzenie we wszystkie szczegóły nieskończoności.

Wówczas w jądrze istoty, w pra-sercu, zawarte jest wszystko, cały zakres promieniowania królestwa Bożego.

Życie w Duchu Boga, w Duchu wiecznego Bytu,
jest niewyobrażalną dla nas, ludzi, wszech-łącznością. Duchowe dziecko uczy się zatem całkowitego
przyswojenia sobie zasady wszech-łączności w swoim jądrze istoty w formie obrazu, barwy, kształtu
i dźwięku. W ten sposób dziecko duchowe obejmuje dziedzictwo nieskończoności i dojrzewa jako
doskonała istota duchowa.

Upadek duchowych istot
aż po materialne zagęszczenie człowieka

Wielu ludzi żyje myślą upadku, która doprowadziła do powstania ludzi – myślą brzmiącą, „dziel, wiąż i rządź!". Kto oddziela się od Wszech-Jedności, boskiego dziedzictwa, wiecznego prawa miłości Bożej i braterskiej, od „łącz i bądź", ten nie może utrzymać się w królestwie Bożym, ponieważ ten, kto dzieli, a nie łączy, kto jest przeciw wiecznemu Prawu Wszech-Jedności, automatycznie z tej Wszech-Jedności wypada, skoro dzieli, wiąże i próbuje rządzić. To pozbawia wolności!

Powtórzenie wyjaśnień dotyczących myśli upadku przypomni niejednemu czytelnikowi kwestię pięciu komponentów, przede wszystkim myśli, które, jak wspomniano, są największymi i najstraszniejszymi pociskami odłamkowymi zdolnymi wywołać pustoszące działania.

Kilka boskich istot w wiecznym Bycie zaczęło się buntować przeciw Bożemu prawu jedności, przeciw miłości Bożej i braterskiej; skłonnością do „dzielenia, wiązania i rządzenia" zaczęły tworzyć swoje egoistyczne prawo. Z tego powodu nie mogły się już utrzymać we Wszech-Jedności, w królestwie Bożym. Te skłonności rozwijały się coraz bardziej w myśl upadku: „dziel, wiąż i rządź".

Liczne, bardzo liczne boskie istoty stopniowo przyłączały się do tego życzeniowego i roszczeniowego myślenia „dziel, wiąż i rządź". Przekazano, że z królestwa Bożego wyprowadził je archanioł Michał. Z racji swojej niechęci do zawrócenia spadały one coraz głębiej, przez co ich ciała pogrążyły się w mroku, stały się ciężkie i przez to coraz bardziej zgęszczone, odpowiednio do myśli upadku „dziel, wiąż i rządź".

W niewyobrażalnie długich odcinkach czasu, oknach czasu, rozwijała się planeta Ziemia z odpowiednimi gatunkami roślin i zwierząt; później przybyły istoty, które w międzyczasie nabrały ciężkiej struktury, i które w toku niezliczonych etapów zagęszczania w subtelniejszych obszarach zagęściły się w istoty człekopodobne, a potem w ludzi.

Prawo „dziel, wiąż i rządź" jest prawem upadku, prawem „przyczyny i skutku", określanym też jako „siew i zbiór" albo „akcja i reakcja".

Stosownie do boskiego prawa wolności każda istota, także my, ludzie, jest odpowiedzialna sama za siebie, za swoje czucie, odczuwanie, myślenie, mówienie i postępowanie.

Z pochodzenia jesteśmy czystymi istotami, istotami duchowymi, które przybyły z królestwa Bożego, jednak królestwo Boże pozostaje jako esencja w sednie każdej duszy – tak jak uczył Jezus z Nazaretu: *Królestwo Boże jest wewnątrz was.*

Bóg, Odwieczny, Wszech-Jedyny, jest i pozostaje życiem przy swoich dzieciach w sednie każdej duszy, w jądrze istoty, w pra-sercach bijących w duszach i ludziach. Sprzeczny z Prawem byt człowieka, prawo „dziel, wiąż i rządź", przyczyna i skutek, okrywa energetycznie duszę i człowieka. Są to tak zwane powłoki duszy, indywidualne obciążenia, które odzwierciedla aura.

Prawo upadku „dziel, wiąż i rządź"
Demon dąży do zniszczenia
boskiego jądra istoty

Od upadku z wiecznego królestwa Bożego Wszech-Jedyny posyłał ciągle boskie istoty, wyjaśniał i pokazywał swoim upadłym synom i córkom – później ludziom – drogę powrotną do wiecznej ojczyzny. W efekcie wiele istot upadku powróciło; inne z kolei w niewyobrażalnych odcinkach czasu, oknach czasu, schodziły w byt człowieczy. Rozbudowywały strukturę władzy, która w subtelniejszych obszarach działa jako „demoniczna moc".

Demoniczne „dziel, wiąż i rządź" coraz bardziej wpływało na te istoty upadku, które jako pierwsze stały się ludźmi, i uzależniało je. W dalszym toku postępującego zagęszczenia, które dziś nazywamy materią, nastąpił etap tworzenia przez ludzi zewnętrznych religii i zgubnych struktur władzy.

Po fiasku planu likwidacji wiecznego Bytu obecnym zamiarem demonów jest zniszczenie wszystkiego, w czym obecny jest Bóg, przede wszystkim jądra istoty, które założone jest we wszystkich istotach żywych, w każdej formie życia, w każdym zwierzęciu, w królestwach roślin i minerałów. Od początku aż po dzień dzisiejszy ich dążeniem jest podporządkowanie sobie królestwa Bożego i wciąż chcą je zlikwidować, jeśli się da.

Ten, kto przyłącza się do prawa upadku demonicznej mocy „dziel, wiąż i rządź", traci coraz więcej energii, a w ostatecznym rozrachunku wolność. Przez utratę energii ludzie przywiązują się do zdradliwych struktur władzy, które wpajają im przekonanie i pewność, jakoby szli właściwą ścieżką lub mieli status bóstw czy wręcz boga.

Nasuwa się tu na myśl dosłownie bałwochwalstwo, posągi z gliny i brązu, bóg Baal. Rytualne bóstwa i ich kapłani panoszą się dziś tak samo jak przed wiekami, tylko dziś mają inne imiona, oblicza i tytuły. Od początku koledzy „z dołu" byli kłamcami i mordercami pragnącymi – jak wtedy, tak i dziś – zniszczyć wszystko, co w rzeczywistości należy do Boga, Odwiecznego.

Jeśli Państwo chcecie, pomyślcie proszę o pięciu komponentach, żeby zbadać, co to znaczy oddać stery własnego życia w cudze ręce.

Utrata energii i wolności prowadzi
do żądz i kolejnych wynaturzeń

Jeśli ludzie zaprzedają się prawu „dziel, wiąż i rządź" i przyłączają się do tego schematu myślenia i postępowania, tracą coraz więcej energii duszy i ciała. To znaczy, że coraz trudniej im przez to dotrzeć do Boga w sednie ich dusz. Wtedy pojawia się wątpliwość w istnienie Odwiecznego i w wielu przypadkach żądza. Ostatecznie żądza oznacza: człowiek pożąda oparcia – ale jakiego?

Jeśli żądza się nasila, ponieważ człowiek traci przez nią coraz więcej energii, to zaczyna on w różny sposób pozować na władcę życia, co daje się ująć w przekonanie: „Jestem bogiem! Jestem inteligentniejszy niż zwierzę, roślina i kamień, a nawet inteligentniejszy niż niejeden człowiek – wszystko jest moje!".

To prowadzi między innymi do utraty wolności, do niezliczonych żądz i nałogów aż po ataki szału, które można obecnie zaobserwować u ludzi wszędzie. Ponieważ upadek wartości etycznych i moralnych przybiera na sile i staje się normą, większość ludzi myśli tylko o sobie i do swoich niskich celów wykorzystuje bez zastanowienia ludzi, zwierzęta i Matkę Ziemię. Duchowe ubóstwo, spadek energii przez oddalenie się od Boga, to krzyk: „Ja chcę! Ja chcę!".

W pewnym momencie to „Ja chcę!" zaczyna działać. Ludzie zniewalają ludzi, w najokrutniejszy sposób traktują zwierzęta, brutalnie je zabijając. Zamykają zwierzęta w gettach jako tak zwane bydło rzeźne, strażnicy wydają je rzeźnikowi, który je szlachtuje, ćwiartuje ich zwłoki na porcje, które następnie lądują w brytfannie pożeracza zwierząt.

Ludzie trzymają zwierzęta w niewoli między innymi w celu wyżywania się na nich lub dostarczenia sobie rozrywki. Ludzie wpływają zatem na zwierzęta, by dostosować je do zaspokajania ludzkich celów i potrzeb. Robią z nich zwierzęta użytkowe i tym podobne.

Wiele, by nie powiedzieć wszystko, wynika z zawartości pięciu komponentów.

Sprawiedliwe czucie i odczuwanie u wielu ludzi zanikło. Złożyli te dwa komponenty w ofierze strukturze władzy Baala.

Drodzy Państwo, zwierzęta są czującymi istotami, które podobnie jak my, ludzie, odczuwają cierpienie i ból i wyczuwają, co ma zamiar im zrobić okrutny człowiek.

Konsekwencją odwrócenia się człowieka od Boskości, od źródła własnej prawdziwej istoty, które jest jednością, jest niemal całkowita utrata dostępu do bliźniego, a tym bardziej do zwierzęcia, które pozostaje w łączności ze swoimi zwierzęcymi braćmi i z Wszech-Jedynym.

Przez utratę energii większość ludzi stała się biernymi uczestnikami i naśladowcami. Bezwolnie wpasowali się w to, co zaprowadził „bóg Baal" z rzeszą swoich zwolenników. Z komponentu „myśl" rozwinęła się niska ideologia odbierająca wolność. Ze złożonej w ofierze wolności rozprzestrzeniła się kastowość oraz zewnętrzne religie z kapłanami kultu, z duchownymi, hierarchią władzy i dogmatami oraz celowo dobranymi „tradycjami". Wraz z mijaniem epok zmieniają się struktury władzy i ich wizerunek, ale mord na zwierzętach, naszych współstworzeniach, pozostaje.

„*Mordercza machina – człowiek*"
w służbie bóstwa Baala i jego wiernych

Kiedy piewcy kultu nauczają, jakoby zwierzęta nie miały duszy, jakoby przyroda nie miała duchowego pierwiastka i człowiek mógł korzystać ze zwierząt i przyrody dla własnego pożytku, wtedy właściwie ludzie zachowujący jeszcze czujność i wierzący w jednego Boga, który jest Wszech-Jednością, powinni poważnie się zastanowić.

Ten, kto daje posłuch zewnętrznym przymusom związanym z gmachem obłędu „dziel, wiąż i rządź", z jednej strony w brutalny sposób dręczy żywicielkę ludzkości, Matkę Ziemię, z drugiej strony bezcześci świat zwierząt dręczeniem, masakrowaniem, mordowaniem i pożeraniem ich.

W średniowieczu ludzi traktowano podobnie jak dziś zwierzęta, tyle że wówczas nie patroszono ludzkich zwłok w celu ich zjedzenia. Dziś pogański terror, tradycja niszczenia i zabijania, skierowany jest głównie na Matkę Ziemię, na zamieszkujące ją gatunki zwierząt i roślin oraz na królestwa minerałów. Dziś rządzi kanibalizm; człowiek zjada mięso swoich współstworzeń, młodszych braci, zwierząt, i okrada je ze środków do życia na Ziemi.

Wszystko, naprawdę wszystko ustępuje „morderczej machinie – człowiekowi”: męka zwierząt, eksterminacja istot zwierzęcych i roślinnych, manipulacja materiałem genetycznym i zmienianie go. Manipulacjami genetycznymi oraz sztucznym zapładnianiem zwierząt ludzie produkują zwierzęce „sztuczne stworzenia”. Podkreślmy, że nie są to zwierzęta ze stwórczej i kształtującej kołyski Boga, ale istoty, które wprawdzie cierpią i czują ból, ale zasilane są energią życiową tych ludzi, którzy coś takiego powodują, potwierdzają i czerpią z tego korzyści, i którzy jedzą mięso udręczonych, okrutnie zamordowanych zwierząt.

To wszystko jest na zlecenie pogańskiego bóstwa pochodzącego z otchłani i będącego od początku kłamcą, dręczycielem, rzeźnikiem i mordercą. Odnoszące się do tego słowa Jezusa z Nazaretu są dziś wszędzie w pełni aktualne. On powiedział: *Wy macie diabła za ojca i chcecie spełniać pożądania waszego ojca. Od początku był on zabójcą i w prawdzie nie wytrwał, bo prawdy w nim nie ma. Kiedy mówi kłamstwo, od siebie mówi, bo jest kłamcą i ojcem kłamstwa!*

Stawiamy bardzo bezpośrednie pytanie naszym czytelnikom: Czy też należycie do pogańskiego kręgu?

Czy też jesteście terrorystami wobec Ziemi z jej zwierzętami, roślinami i minerałami? Jeśli tak, to nie zrozumiecie nas, którzy jesteśmy za jednym Bogiem-Stwórcą, który jest Wszech-Jednością będącą miłością Bożą i braterską.

Człowiek zniszczył pierwotną,
harmonijną symbiozę zwierząt i roślin
Udręczona Ziemia się buntuje

Niezliczeni ludzie wszystkich generacji wiązali się i nadal się wiążą z dyktaturą kultu „Baala", rozpowszechniającego się jednak obecnie pod różnymi nazwami.

Jak już wspomniano, pogańskie tradycje kultu otchłani twierdzą, że zwierzęta są pozbawione duszy, a rośliny zdolności odczuwania; my, ludzie, mielibyśmy mieć prawo dowolnego użytkowania tych żywych istot i form życia oraz ich nadużywania.

Takim szaleństwem bałwochwalstwa dotknięci, a zarazem naznaczeni, byli ludzie wszystkich pokoleń. Dlatego w powszechnym przekonaniu zwierzęta są oznakowane: „przeznaczone do użycia, do zużycia". Z tego powodu nasi młodsi bracia cierpią męki i katusze; są wykorzystywani jako zwierzęta użytkowe, trzymani na łańcuchach, okrutnie, brutalnie zabijani, trzymani w zwierzęcych więzieniach i gettach aż do śmierci z ręki rzeźnika, by ostatecznie trafić do żołądków ludzi, kanibali młodszych braci.

Wszystko, absolutnie wszystko opiera się na energii. Skoro żadna energia nie ginie, każda brutalność – w równej mierze wykorzystywanie zwierząt, przyrody, gospodarka rabunkowa na Matce Ziemi – jest zapisana w aurze planety oraz w filmie życia powłok duszy tych ludzi, którzy popadli w szaleństwo bałwochwalstwa.

Ta negatywna energia promieniuje z powrotem na Ziemię, czego efektem jest to, że zwierzęta pełne lęku i strachu przed sprawcą, człowiekiem, unikają go i uciekają przed nim. Ludzie, będący ostatecznie ich starszym rodzeństwem, powinni zapewniać swoim zwierzęcym bliźnim oparcie i ochronę, zamiast być przerażającą wizją potwora. Ponieważ wiele zwierząt naśladuje zachowania swoich starszych braci, polują one na swoje mniejsze rodzeństwo – zgodnie z przykładem danym przez ludzi. Zabijają i zjadają inne zwierzęta. Kto je tego nauczył?

W ostatecznym rozrachunku człowiek, który służy bogu otchłani, który, jak wspomniano, od początku był kłamcą i mordercą i pozostał nim do dziś.

Udręczona Ziemia się buntuje i wielu pyta, dlaczego Bóg coś takiego dopuszcza – wtedy gdy huragany i tornada zmiatają domy z powierzchni Ziemi, gdy nadchodzą powodzie, gdy susza wyjaławia duże obszary. To wszystko i wiele więcej spowodowali ludzie, zgodnie z prawem, któremu człowiek sam się poddał, a które brzmi: „Co zasiałeś, to zbierzesz". To w końcu zasada „dziel, wiąż i rządź".

Kiedy Odwieczny, w krajach Zachodu nazywany „Bogiem", zgodnie z prawem wolnej woli pozwolił, by dla Jego upadłych dzieci powstała Ziemia, gatunki roślin i zwierząt pojawiły się jako pierwsze. Na początku formowania Ziemi dla ludzi zwierzęta nie zjadały się wzajemnie. Spożywały to, co zaoferowała im przyroda. Nie wyrywały roślin z korzeniami, jak czynią to obecnie ludzie. Brały liście, brały pędy, nasiona i owoce, po czym rośliny zielne i drzewa mogły dalej rosnąć, tak że plonowały dzięki sile z góry. To była harmonijna symbioza zwierząt i roślin. A jak jest obecnie?

Obecnie wszystko dzieje się tak, jak spowodowali to ludzie. Przenieśli oni swoje zachowanie: plądrowanie, rabowanie, mordowanie, na świat zwierząt i roślin, na całą Ziemię. A mimo to pierwotny porządek pozostaje wieczną boską zasadą: Stworzenia z Boga – zwierzęta, rośliny, kamienie i minerały –

należą do wielkiej Wszech-Jedności, do Boga, ponieważ Bóg jest wszech-życiem, a zatem wszystkie Jego istoty żywe i formy życia niosą Jego Tchnienie, życie. Tak jest i tak będzie wiecznie.

Odwrócenie się od Wszech-Jedności
jest duchowym ubóstwem egomaniactwa
Piekielne piętno: „Wszystko jest moje!"

Odwrócenie się od Wszech-Bytu, od Wszech-Jedności, jest egocentryzmem, który wystawia swoje energetyczne ubóstwo na pokaz w „dziel, wiąż i rządź" jako roszczenie władzy, które brzmi: „Sam sobie jestem bliźnim".

To jest duchowe niezrównoważenie, brak zainteresowania prawdziwymi wartościami, wyższą etyką i moralnością; ujawnia się to w nietolerancji, dążeniu do władzy i roszczeniach majątkowych i pociąga za sobą zachłanność na pieniądze i dobra. Dowody, że tak jest, rysują się coraz wyraźniej, gdyż obecne społeczeństwo to zbiorowość egomaniaków z odpowiednim, nazbyt ludzkim stanem świadomości.

Większość ludzi jako egomaniacy – obojętnie jakiego stopnia – wyje ze stadem i pędzi tą samą ścieżką, nie patrząc, co przy tym zadepcze. Jeśli ktoś o wyższych ideałach spróbuje przeciąć tę ścieżkę ego, natychmiast podnosi się egocentryczny piekielny wrzask z otchłani, z systemu Baala, z żądaniem, by wykluczyć tego groźnego dla panującego systemu odstępcę, a nawet się go pozbyć.

Obecnemu kultowi Baala i jego zwolennikom pasuje każdy piekielny środek, którego próbuje użyć na stworzeniu Bożym do rozniecenia piekielnego ognia, by na stworzeniach Bożych, z Ziemią włącznie, wypalić piekielne piętno: „Wszystko jest moje!".

Ludziom, którzy są stronnikami piekła, pogański system zakłada symboliczny kolczyk, wszczepiony program słuchania podszeptów z otchłani. W pewnych okolicznościach ten „kolczyk" nosi jako znak również niska świadomość, ukształtowana przekonaniem, wyobrażeniem, że sama wiara wystarczy.

Twoja świadomość jest w tobie – wiary nie da się udowodnić

Cokolwiek człowiek myśli o swoim dniu, każdy dzień jest dniem danej osoby i to ona za niego odpowiada. Każdego dnia czekają decyzje i równocześnie odpowiednie wyzwania, które chcą pobudzić do samorozpoznania – o ile jest się czujnym, zamiast na ślepo płynąć rzeką zobojętnienia z ludzką masą w przekonaniu, że wystarczy twierdzić: „Wierzę w Boga" bądź „Wystarczy, że wierzy się w Boga", albo zepchnąć odpowiedzialność na innych, deklarując: „Wierzę w to, co mówi ksiądz", albo też pozostać niezdecydowanym, uważając: „Wierzyć, nie wierzyć, na jedno wychodzi; w co w ogóle wierzyć?".

Ostatecznie niejeden stwierdza: „W nic nie wierzę, nawet w siebie – a może jednak w siebie?". I zdecydowanie odrzuca zajmowanie się kwestiami wiary: „Jakkolwiek by nie było, dajcie mi spokój w sprawach wiary!".

Zdanie „(...) a może jednak w siebie?", zwróci być może uwagę kogoś myślącego w taki sposób. Bierna wiara nie daje się udowodnić, dana osoba nie może jej udowodnić nawet sama sobie. Dlaczego? Ponieważ bierna wiara to coś statycznego, nieruchomego. Z biernej wiary nie może wypłynąć nic rozwijającego; ona nie prowadzi nigdzie dalej. W tej biernej zasadzie „wierzę lub nie" dni upływają, a człowiek nie stawia sobie na poważnie pytania, czy to naprawdę jest życie.

Drodzy Państwo, udowodnić nie da się ani biernej wiary, ani tego, co tu opisujemy. Nikt nie może tego Państwu udowodnić – tu chodzi o Was samych i Waszą świadomość, a ona jest w was.

Kto chce, niech podąży za takim tokiem myślenia: W całej uniwersalnej nieskończoności nie ma nic statycznego. Jedynie w dziedzinie Kościołów i konfesji, gdzie panuje twierdzenie: „sama wiara wystarczy", wszystko ma pozostać skostniałe. Dziecko włączone chrztem w szeregi wiernych ma bezrefleksyjnie wierzyć w nauki Kościoła. To jest bierna, kościelna wiara.

Wiara jest sprawą wiary. Udowodnienie sobie tego, w co się wierzy, prowadzi do samorozpoznania i zbliżenia do Boga – wtedy gdy doświadcza się wiary w Boga w sobie, realizując naukę Jezusa z Nazaretu: *Co chcesz, by inni zrobili dla ciebie, zrób najpierw dla nich.*

Prawo miłości do Boga i bliźniego:
„łącz i bądź”

Jeśli wierzycie Państwo w Odwiecznego, w prawdziwego Wszech-Jedynego Boga, w Stwórcę nieskończoności, w absolutną Inteligencję, to niech ta wiara we Wszech-Jedynego stanie się aktywna, gdyż wieczne prawo miłości do Boga i bliźniego brzmi: „wysyłanie i odbieranie”, „łącz i bądź” – to jest wszech-łączność, to jest prawdziwe życie.

Każdy sam jest świadomością, każdy ma w sednie swojej duszy nieobciążalne jądro istoty, Wszech--Życie.

Każdego zatem dotyczy kwestia udowodnienia sobie samemu, że Bóg, Duch nieskończoności, istnieje i że w sednie duszy, On, Wszech-Jedyny, jest wiecznym życiem, JESTEM, KTÓRY JESTEM.

Odwieczny jest wszech-obecnością, wszech-prawem. W całej nieskończoności działa wieczne wszech-prawo – a kto może je odebrać jako dźwięk? Wszystkie istoty – włącznie z ludźmi – które pozostają w łączności z Wszech-Jedynym, Duchem nieskończoności. Doznać pulsującego życia człowiek nie może pustym słowem „wierzę”, tylko czynami prawdziwej miłości bliźniego, gdyż Odwieczny jest miłością.

W przeciwieństwie do wielu ludzi, królestwa zwierząt, roślin i minerałów są w nieprzerwanej łączności ze swoim Stwórcą, z Odwiecznym. Ludzie, którzy okazują szacunek JESTEM, KTÓRY JESTEM, wszechobecnemu Duchowi, idąc drogą, którą Odwieczny dał nam, ludziom, przez Mojżesza w Dziesięciu Przykazaniach, i którą Jezus z Nazaretu pokazał swoimi naukami w Kazaniu na Górze, są bliscy Pra-Światłu, Bogu w sobie, w sednie swojej duszy. Doświadczają, co znaczy „łącz i bądź".

Uświadommy sobie na nowo: W całej nieskończoności nie ma nic statycznego, nic zastygłego. Coś zastygłego nie zdołałoby wytworzyć niczego twórczego, niczego kreatywnego, niczego kosmicznego. Bóg, Odwieczny, jest zawsze ruchem, zawsze stwórczym i sprawczym życiem, zawsze wszechobecną ewolucją.

Żaden człowiek nie może Państwu udowodnić Boga. Wciąż słyszymy i czytamy o świadomości. Świadomość człowieka – zważmy: człowieka – składa się z tego, co on czuje, odczuwa, myśli, mówi i robi. Każdego dnia człowiek pracuje między innymi pięcioma komponentami, które z kolei wpływają na jego narządy zmysłów. Pięcioma substancjami czynnymi czucia, odczuwania, myślenia, mówienia i postępowania, które mogą się też stać materiałem wybuchowym, oraz swoimi zmysłami człowiek tworzy swoją świadomość. Buduje ją warstwa po warstwie, stan po stanie, i to dzień w dzień, godzina po godzinie, minuta po minucie.

Treści tych warstw świadomości każdy człowiek z osobna tworzy dla siebie właśnie przez pięć komponentów. Każdy jest zatem swoją osobistą ludzką świadomością. I tylko Państwo możecie zbadać w sobie, co zapisaliście w swoich stanach świadomości, w warstwach świadomości.

Stworzyliśmy swoje stany świadomości całkiem sami. W oparciu o to możemy zadać sobie pytanie i sami udzielić sobie odpowiedzi: Co nam i naszemu ludzkiemu stanowi świadomości daje pozostawanie w skostniałej wierze, która nie wymaga czynów?

Zapraszamy do wspólnej nauki!
„Wysyłanie i odbieranie"
i wszech-łączność, która wyzwala

Drodzy Państwo, jeśli kochacie stworzenie Boże, zwierzęta, rośliny, świat minerałów, to pożegnajcie się z systemem Baala i uaktywnijcie swój znak jakości, głoszący: „Wierzę w Boga!". Jeśli chcecie, uczcie się z nami dążyć do wolnego Ducha. Uczcie się z nami, co znaczy miłość do Boga i bliźniego. Uczcie się z nami, co znaczy „wysyłanie i odbieranie", czyli wszech-łączność, która wyzwala! I pamiętajcie, że nikt nie rodzi się mistrzem.

Powinniśmy wciąż od nowa uświadamiać sobie, że wszystkie stworzone przez Odwiecznego żywe istoty i wszystkie formy życia należą do wszech--wspólnoty Boga, do kosmicznej wszech-jedności, do rodziny Boga, naszego niebiańskiego Ojca.

My, ludzie, każdy z osobna, żyjemy w tej boskiej wszech-zasadzie „wysyłania i odbierania" z racji nieobciążalnego jądra istoty w sednie naszych dusz. Stworzenia Boże, zwierzęta, rośliny, kamienie i minerały, odpowiednio do stanu świadomości, która oczywiście jest boska, są w łączności ze swoim Stwórcą, gdyż kosmiczne „wysyłanie i odbieranie"

nie zna czasu, wobec czego nie ma pory emisji ani ograniczenia przestrzennego.

Zapraszamy do wspólnej nauki! Wszystkie istoty żywe i formy życia, które mają zalążek istoty i jądro istoty – zwierzęta, rośliny, kamienie i minerały – oddychają Tchnieniem swojego Stwórcy, który jest życiem. Zważmy: oddychają Tchnieniem swojego Stwórcy, który jest życiem!

Wieczny Bóg-Stworzyciel ożywia swoim Tchnieniem wszystko. W strumieniu życia Stwórcy każde zwierzę, każda roślina i każdy kamień jest boskim stworzeniem w wielkiej wszech-rodzinie Boga. Zwierzęta z Tchnienia Boga oraz istoty roślinne są młodszymi braćmi i siostrami człowieka. Stan świadomości królestw minerałów także należy do wiecznego Boga-Stworzyciela, który stworzył je i ukształtował w swojej kołysce stwórczej i kształtującej i wszechobejmująco towarzyszy im w drodze ewolucji świadomości i ma je w swojej pieczy.

On, wielki Wszech-Jedyny, jest przy swoim stworzeniu i ze swoim stworzeniem – zważmy: jest przy swoim stworzeniu i ze swoim stworzeniem. To samo dotyczy również nas, ludzi. Bóg w sednie naszych dusz jest przy nas. Czy On, Wszech-Jedyny, może być też z nami w naszych myślach, w tym, co mówimy i robimy? Jeśli tak, to stajemy się czującymi

ludźmi, w których działa Wszech-Jedność, wszech-
wspólnota.

Życiem Wszech-Jedności jest Byt: to stworzenia
z Boga, z Wszech-Jedynego, świat zwierząt, roślin
i minerałów, boskie istoty, istoty duchowe. Również
my, ludzie, należymy głębią swoich dusz do wiecznego Boga Ojca-Matki, do wielkiej rodziny Boga.
Wszystko i wszyscy są ze sobą wzajemnie połącze-
ni i poprzez jądro istoty, pra-serce Bytu, są w łączności z Wszech-Jedynym, Bogiem-Stwórcą, Bogiem
Ojcem-Matką.

Właśnie obecna sytuacja na świecie wyraźnie pokazuje, co znaczy „dziel, wiąż i rządź"

Wielu ludzi straciło wiarę w Boga, bo On nie robi tego, czego ludzie od Niego oczekują, a nawet wymagają. Oddzielają się oni od wszechmocy Boga i wiążą się z tak zwanymi bóstwami – z ludźmi, którzy pozwalają się ubóstwiać ludziom.

Choć w potrzebie, w chwili cierpienia i strachu, niejeden wzywa Boga, większość ludzi zapomniała, jakie jest prawdziwe znaczenie istnienia i działania Boga.

Wszystko, co w zakresie boskiego działania jest dla ludzi widoczne i niewidoczne, niesie życie, którym jest Bóg. Jeśli odwracamy się od Wszech-Dawcy, to wyłączamy się z wszech-łączności z pozytywnymi siłami; mniej lub bardziej wyrzekamy się Boga, Stwórcy życia, wszech-życia. Człowiek wierzy wtedy już tylko w to, co odpowiada jego zamiarom i poglądom.

„Dziel" to nic innego jak: „Jestem człowiekiem. Sam sobie stworzę to, co uważam za dobre i właściwe dla siebie. Wierzę głównie w to, co widzę i posiadam; to traktuję jako swoją własność".

Co powstało i powstaje z przywiązania do samouwielbienia, do potęgi pieniądza, do dóbr czy ewentualnego reprezentacyjnego dziedzictwa? Roszczenie sobie pretensji do władzy i posiadania oraz samouwielbienie pozwalają rozpoznać zasadę „dziel, wiąż i rządź", stawiając wszystkich przeciw wszystkim. Ta szatańska zasada pokazuje oddzielenie od wszech-jedności, od wszech-życia, od Uniwersalnego Ducha. Podszepty z otchłani, od przeciwnika życia, brzmią: „Nie wierz w wieczne istnienie, wierz tylko w siebie, a będziesz wierzyć we mnie".

Z żądzy władzy i uznania rozwija się pęd do panowania, którego napędem jest majątek. Z tych komponentów władzy, których korzenie leżą często w drobnostkach, wyrastają kłótnie, walki, morderstwa, aż po wojny. To demoniczny wpływ, negatywna siła płynąca z dołu. Z tej tak zwanej „amunicji" demoniczność, demon, bierze energię do walki ze stworzeniem Bożym i sprzecznie z Prawem wpływa na człowieka. Z negatywnych energii ludzi żyje demoniczny gmach władzy, zasada „dziel, wiąż i rządź". To nie tylko zniewala ludzi, ale też pęta ich wojowniczym kaftanem bezpieczeństwa.

Boskie „łącz i bądź" przynosi natomiast wolność, gdyż człowiek nie wiąże się z niczym ani z nikim, ponieważ jest świadomy faktu, że kończąc swoją wędrówkę po Ziemi jako człowiek, nie będzie mógł zabrać ze sobą nic oprócz obciążeń w swojej duszy spowodowanych zasadą „dziel, wiąż i rządź". Mimo tego siła Chrystusa Bożego pozostaje w jego duszy, by przezwyciężyć i odłożyć brzemię demoniczności.

Urzeczywistnienie „łącz i bądź" każdy z nas, ludzi, może postrzegać następująco:
Uczę się jako człowiek nawiązywać łączność, czyli komunikację, z najdrobniejszymi elementami materii, uświadamiając sobie wciąż od nowa, że: We wszystkich i we wszystkim jest pozytywne, Duch, Bóg.
Uczę się i pracuję nad stworzeniem pozytywnego stosunku do przyrody, do świata zwierząt, do Ziemi ze wszystkimi jej formami życia.
Uczę się pojmować, że moje ziemskie życie jest cennym darem Odwiecznego.
Uczę się podejmować łączność z głębią wnętrza innych ludzi, gdyż w głębi każdej duszy jest łączące prawo braterstwa z każdym bratem, z każdą siostrą.
Uczę się zawierać i utrzymywać pokój.

Z etapów uczenia się kosmicznej zasady „łącz i bądź" rozwija się stopniowo żywa wiara w Boga, który przez Mojżesza dał nam przykazania, wyciąg z wszech-prawa, a przez Jezusa z Nazaretu nauki Kazania na Górze, które wyjaśniają życie w Duchu Wszech-Jedynego.

Człowiek – podobieństwo Boga?

Oddanie naszymi naznaczonymi trójwymiarowością słowami siedmiowymiarowego życia Prawa wymaga prawdziwej akrobacji. Kiedy czytamy lub słuchamy, że jako ludzie powinniśmy być podobieństwami Boga, to nie chodzi o grzesznego człowieka, ale o niezachwianie czystą istotę, istotę duchową.

Wszystko jest przecież energią. Energią jest również ciało człowieka, a wobec tego jego kości, ścięgna, więzadła, naczynia krwionośne, nerwy, hormony, gruczoły oraz inne jego składniki. Ten fakt jest dla wielu ludzi całkiem naturalny. Kiedy jednak mówi się, że składniki ciała to nic innego jak energia i nośniki energii o różnych poziomach wibracji, ponieważ odpowiadają treści naszych pięciu komponentów, które też są energią, reakcją jest często niedowierzanie.

Czy to przyjmiemy, czy odrzucimy, faktem pozostaje, że treści naszych pięciu komponentów określają nasze ziemskie życie, a tym samym strukturę i emanację fizycznego ciała. Pięć komponentów – pozytywnych bądź negatywnych – wnika z czasem w strukturę komórkową ciała, naznacza fizyczne ciało, a także duszę. Z tego naznaczenia człowieka bierze się jego charakter i jego wygląd.

Podsumowując, można powiedzieć, że każdy człowiek jest swoim osobistym ciałem energetycznym, emanującym jego indywidualną częstotliwością, zgodną z jego energetycznymi zapisami odpowiadającymi osobie. W przenośnym sensie jest to osobiste prawo danej osoby.

Często słyszymy, że jako ludzie jesteśmy ukształtowani przez geny, które dziedziczymy po przodkach, na przykład po dziadkach lub pradziadkach. To możliwe. W niektórych aspektach możemy być rzeczywiście podobni do dziadka lub babci – ale czy myślimy tak samo jak nasi przodkowie? Współczesny człowiek myśli i działa odpowiednio do swojej aktualnej sytuacji życiowej, a nie stosownie do warunków życiowych swoich przodków.

To, jak człowiek teraz myśli, czuje, odczuwa, mówi i postępuje, naznacza go teraz. Każdy człowiek – wtedy i teraz– sam kształtuje swój ziemski byt, a tym samym własne geny.

Jako ludzie jesteśmy po prostu obleczonymi w ciało boskimi istotami. Nasze ciała energetyczne są jednak naznaczone, czyli nacechowane naszymi obecnymi wzorcami zachowania. Mimo to, postrzegając je energetycznie, zrównoważony człowiek przypomina kształtem boską istotę. Boska istota jest zrównoważona, wiecznie piękna, wiecznie młoda, czysta; jest na wskroś kosmiczną eteryczną istotą Bytu; jest subtelna.

Słysząc o zmartwychwstaniu ciała, co głoszą niektóre zewnętrzne religie, należałoby sobie uprzytomnić, że ludzi obowiązuje zasada: „z prochu powstałeś, w proch się obrócisz". Nasze fizyczne ciała są z Ziemi i należą do Ziemi. Natomiast nasze subtelne dusze niosą zmartwychwstanie do wiecznego życia jako drogę rozwoju, co znaczy, że dusza podąża swoją drogą do wiecznego życia. To, jak długo będzie nią szła i ilu wcieleń będzie potrzebowała, zależy od samego człowieka, który, jak już wspomniano, kształtuje swoją duszę. Jednak w duszy jest nieusuwalny zalążek zmartwychwstania do wiecznego życia, do boskiej istoty, eterycznej istoty duchowej w nas.

Uczymy się formować rajski ogród najpierw w sobie

Drodzy Państwo, proszę wraz z nami zabrać się za formowanie rajskiego ogrodu w sobie! Świat zwierząt i roślin oraz cały świat minerałów należą do nas i, jak zostało powiedziane, są jako esencja, jako źródło życia u podstaw naszych dusz.

Niech stanie się w nas – jak w niebie, tak i na ziemi!

Wszystkie stworzenia Boże, wszelkie żywe istoty, wszystkie zwierzęta, królestwa przyrody, wszelki byt chcą żyć w zgodzie z nami, ludźmi.

Są we wszech-strumieniu, w potężnym stwórczym działaniu swego Stwórcy, w postępującym rozwoju wszech-mądrej stwórczej i kształtującej kołyski Boga.

Proszę wraz z nami szanować i cenić życie!

Proszę wraz z nami zbliżać się do jądra istoty w swojej duszy w świadomości, że Wszech-Jedyny jest w nas i we wszystkich istotach żywych oraz formach życia przyrody.

Myśl, która mogłaby określić kierunek naszej codzienności:

Królestwa przyrody, wszystkie zwierzęta z Tchnienia Boga na ziemi, w ziemi i w powietrzu oraz w morzach i innych wodach należą do nas, ludzi.

Bóg, nasz niebiański Ojciec, jest Wszech-Jednością, jest mówiącym Bogiem w swoim stworzeniu, a także w nas, w jądrze istoty w duszy. Uświadamiamy sobie, że wszystkie istoty żywe i formy życia, stworzenia z Boga, czują i doznają człowieka.

Zwierzęta, podobnie jak my, żyją w sekwencjach obrazów. Nie myślą, pozwalają, by obraz powstał w ich zwierzęcej świadomości. W kontakcie z nami tworzą sobie najpierw obraz, obraz węchowy.

Proszę uczyć się z nami i nie zbywać tego stwierdzeniem „być może" albo „nie bardzo w to wierzę".

To nie ktoś inny ma wypróbować to, co właśnie zostało powiedziane – każdy z nas z osobna jest powołany, by przeżywać dzień w świadomości, że wszystko, naprawdę wszystko żyje. Uczymy się zatem każdego dnia.

Kto chce, niech zacznie od siebie. Oto kryterium wiecznego życia: Jesteście Państwo wolni; nic nie musicie. Zgodnie z wiecznym Prawem, które jest między innymi wolnością, ani Państwa, ani żadnego człowieka nie można do niczego zmusić, nawet do wiary w coś, czego nie da się udowodnić.

Dlatego uczymy się rozumieć i robić własne doświadczenia tego, że nasze życie jest jednością i że także życie wielu zwierząt biegnie w sekwencjach obrazów, podobnie jak życie każdego człowieka, tyle że obrazy nie są upiększone ani podbarwione myślami. Prawdziwe życie jest ciągłą łącznością ze Stwórcą, z Bogiem, naszym niebiańskim Ojcem, Wszech-Jedynym, który jest miłością i miłością bliźniego.

Proszę się uczyć, uczmy się wszyscy zaglądać w świat własnych myśli, słów i czynów! Dopiero myśląc świadomie i mówiąc powoli, zauważa się, że życie przebiega w obrazach i że to samo dotyczy czynów. To, co postrzegamy w sobie w obrazach, odgrywa się w nas. Świadomie obserwując swoje sekwencje obrazów, szybko można zauważyć, co jest neutralne, a co zostało podbarwione myślami. Wszystko jest wyrysowane na taśmie życia, tak jak na taśmie filmowej.

Sekwencje obrazów pokazują, kim naprawdę jesteśmy. Nasze obrazy – szczerze przeanalizowane – pozwalają nam rozpoznać: to jest mój charakter i to naznacza mój wygląd.

Jak długo nie zmienimy na pozytywne swoich obrazów z filmu życia i odpowiednio do tego treści swoich pięciu komponentów, nie zdołamy pozytywnie rozwinąć nacechowania swojej istoty, swojego charakteru. Zmieniając swoje sekwencje obrazów przez włożenie w nie innej treści, treści dobroci i miłości, zmienimy też swój charakter. Nabierzemy wdzięku, staniemy się bardziej przyjaźni, mili, dobrzy i przystępni.

My, ludzie, żądamy zawsze dowodów. Sami jesteśmy dowodem. Kiedy bowiem film życia zmienia się na dobre, kiedy sekwencje obrazów stają się jaśniejsze, pokazuje się to również w rysach twarzy i w całym ciele. Zatem sami jesteśmy dowodem dla siebie, a pokazuje nam to odbicie w lustrze.

Uczyć się, to zawsze próbować najpierw na sobie sprawdzać treści własnych uczuć, odczuć, myśli i słów oraz zachowań pytaniem: Czy naprawdę jestem tym, za kogo się uważam?

Wszystkie żywe istoty i formy życia
z Bożego stworzenia
są istotami Wszech-Jedności

Przyłączą się Państwo? Uczymy się samodzielnego wyczuwania, żeby doznać, że potężny Bóg-Stwórca jest dawcą życia wszystkich stworzonych przez Boga istot żywych i form życia.

Nie idziemy już przez ziemię duchowo ślepi. Doświadczamy, że Wszech-Jedyny jest twórcą i dawcą kształtu w swoim stworzeniu. Rozpoznajemy, że każda forma życia, czy to zwierzę, roślina, czy kamień, jest jedyna w swoim rodzaju; nie jest identyczna z podobnymi formami życia. Dlaczego? Ponieważ każda istota żywa emanuje innym aspektem świadomości i ma odpowiednie do tego cechy.

Instytucje kościelne opisały nam, ludziom, tak zwane niebo niczym jakąś fatamorganę, gdzie głównie wielbi się Boga i ewentualnie śpiewa Mu alleluja. Naprawdę jest zupełnie inaczej!

Rzecz jasna nie da się oddać siedmiowymiarowego królestwa Bożego naszymi pojęciami, ale każdy z nas może wypracować w sobie to, co ma u podstaw własnej duszy: wszech-życie, miłość do Boga i bliźniego, pokój i poczucie wiecznej ojczyzny w sobie, w nas wszystkich.

Wieczna ojczyzna to królestwo Boże, w którym duchowe rodziny tworzą wielką rodzinę w Bogu, naszym niebiańskim Ojcu. W królestwie Bożym rośliny i zwierzęta żyją w jedności z boskimi istotami. Wieczne ogrody Bytu, królestwa Boga, nie mają ogrodzeń. Wszystkie budowle powstają z pra-substancji i – jak wszystko – są nieważkie. W tym kontekście pomyślmy o słowach Jezusa z Nazaretu: *W domu Ojca Mego jest wiele mieszkań. Gdyby tak nie było, czy mówiłbym wam, że idę, aby przygotować wam miejsce?*

W znajdujących się w obszarach niebios budowlach mieszkają duchowe rodziny, pary duali, czyli rodzice duale ze swoimi dziećmi, jednak wszystko jest jednością, wszystko jest włączone w wielką rodzinę Boga Ojca-Matki.

Uczymy się: To, co postrzegamy jako ludzie w świecie doczesnym, jest analogiczne do duchowego królestwa, tylko że jest to przetransformowany na niższy poziom świetlisty eter, czyli energia, która jest obciążona i w której wielu ludzi wegetuje w myśli upadku „dziel, wiąż i rządź".

Poniższy przykład pomoże w zrozumieniu: Dobra matka, w której ciele rozwija się dziecko, które urodzi ona po pewnym czasie, nie pyta: „Czy ono jest moje? Czy jestem jego matką?". Wierny, dobry ojciec nie będzie się zastanawiał, czy je spłodził, ani pytał: „Czy ten noworodek należy do naszej rodziny i czy pozostałe dzieci są jego rodzeństwem?". Dla każdej dobrej, zdrowej rodziny oczywiste jest, że matka jest matką dziecka i że ojciec je spłodził. Dzieci należą do rodziców, a dzieci w królestwie Bożym są u swoich rodziców duali i jednocześnie, jak powiedziano, w wielkiej rodzinie. To jest prawdziwe życie, „łącz i bądź", to jest pozbawione myśli upadku, a zatem wieczne życie.

Także zwierzęta i istoty roślinne – również te żyjące wśród nas, ludzi – należą do wielkiej rodziny Boga! Powinny być postrzegane i traktowane przez ludzi w taki sposób, gdyż tak samo jak my, ludzie, są istotami Wszech-Jedności. Nauczenie się tego powoduje wewnętrzne bogactwo i duchowe życie w doczesności.

Wszystkie istoty stworzone z Boga, żyjące z nami w doczesnym świecie – zwierzęta, rośliny, siły królestw minerałów – niewzruszone Prawo sprowadzi z powrotem do ich pra-formy, do właściwego stanu świadomości w królestwie najczystszego Bytu i będą one przygotowywane do dalszego rozwoju w stwórczej i kształtującej kołysce Boga. Wszelkie formy życia na ziemi, w ziemi i w powietrzu, w wodach słodkich i słonych, podobnie jak my, ludzie, są tylko gośćmi na Ziemi.

Nie ma przypadków!
Dlaczego współcześnie wymiera tak dużo gatunków zwierząt? Z jednej strony z powodu złych warunków do życia z winy człowieka, z drugiej ponieważ Bóg-Stwórca zabiera do siebie swoje stworzenia, zwierzęta, a także rośliny różnych gatunków.
Zabieranie do domu zwierząt i roślin ostrzega: najpierw na Ziemi były zwierzęta i rośliny, a potem

ludzie. Kto ma uszy, niech słucha, a kto wierzy w Boga, niech dostrzeże, co dokonuje się w nieskończoności, we wszechświecie!

My, ludzie, dowiadujemy się i uczymy z tego, że zło, bestialstwo, które dotyka zwierząt z winy ludzi, to głos piekieł, pogańskiego boga otchłani. Kto w niego wierzy i spełnia jego wolę, bierze na siebie okrutne dziedzictwo, bo co człowiek sieje, to zbierze.

Co oddziela nas od Wszech-Jedności, łączności z wiecznym Bogiem-Stwórcą? Uczymy się na sobie

Drodzy Państwo, jesteśmy ludźmi, żeby wykorzystać szansę ziemskiego życia, by znów pojąć to, czym jesteśmy w głębi swoich dusz: istotami jedności.

Dlatego chcemy się uczyć prześwietlania treści swoich myśli, aby zgłębić, co zapisaliśmy w filmie swojego życia i dlaczego niemal nie możemy doznać Boga w głębi swojej duszy, Stwórcy wszelkiego bytu, który jest naszym niebiańskim Ojcem, a przez to również niemal nie dostrzegamy Boga-Stwórcy w zwierzętach, roślinach i minerałach. Gdzie jesteśmy i jak mamy wrócić do swojego źródła, do Wszech-Jedności, do Boga w nas?

W kolejnych rozdziałach książki „Mówiąca Wszech-Jedność – Słowo Uniwersalnego Ducha Stwórczego" hasłem jest: uczyć się i jeszcze raz się uczyć, gdyż każda chwila na Ziemi jest cenna.

Czytaliśmy, że każdy człowiek ma swój specyficzny film życia, składający się z treści jego własnych komponentów: czucia, odczuwania, myślenia, mówienia i postępowania. Ten film biegnie nieustannie, gdyż każdy człowiek każdego dnia w każdym oka mgnieniu wpływa na siebie i na innych ludzi swoimi pięcioma komponentami odpowiednio do przebiegu swojego dnia.

Nie istnieje nic, co nie byłoby zapisane we wszechświecie. Pomyślmy o słowach Jezusa z Nazaretu: *Czyż nie sprzedają za grosz dwu wróbli? A jednak ani jeden z nich nie spadnie na ziemię bez woli Najwyższego. Zaprawdę, nawet włosy na waszej głowie są wszystkie policzone.*

Wszystko jest świadomością –
także we śnie doświadczamy
swojej świadomości

Nie istnieje „nic", nawet we śnie.

Nocą, we śnie, powstają sny. Najczęściej są to niesprecyzowane sny, pojawiające się ze świadomości i podświadomości oraz z duszy. To, co pamiętamy z nich po przebudzeniu, mogłoby nam coś powiedzieć, gdyż sny biorą się z różnych osobistych zapisów w filmie życia, a te należałoby zbadać, żeby odkryć w nich ewentualne błędy postępowania, a co za tym idzie uwolnić się – o ile będziemy mogli je naprawić – od tego, co obciąża duszę.

Jak wyjaśniono, każdy człowiek zapisuje obrazy odpowiednie do jego sposobów zachowania. Ponieważ treści filmu życia każdego pojedynczego człowieka są bardzo zróżnicowane, rzadko możemy siebie wzajemnie zrozumieć. Myślimy wprawdzie, że zrozumieliśmy drugiego człowieka i nawet potwierdzająco kiwamy głową. – Ale czy zrozumieliśmy go naprawdę?

Większość ludzi odwróciła się od Wszech-Jedności, od Wszech-Komunikacji łączności i połączenia z innymi i stworzyła swoje osobiste małe ego-światy, tak że jeden drugiego praktycznie już nie rozumie. Ciągle słyszymy, że człowiek jest mikrokosmosem w materialnym makrokosmosie.

Mimo tej wiedzy jesteśmy samotnymi wojownikami na szlaku własnego uporu. Tym wypełniliśmy swój film życia, który odgrywa nam sceny z tego, kim jeszcze jesteśmy. Zapomnieliśmy, jak odszyfrować w sobie kosmiczną Wszech-Jedność, która mówi: Połącz się z jądrem istoty, z Bytem, którym jest Bóg we wszystkich ludziach i wszystkich istotach żywych, we wszystkich formach życia, z wszystkimi czystymi siłami, i bądź w Nim, który jest wiecznym Wszech-Jedynym – Bogiem.

Jeśli my, ludzie, chcemy wrócić do Wszech--Jedności, żeby nauczyć się rozumieć siebie samych i innych ludzi, a także nasze współstworzenia, zwierzęta, rośliny, królestwa minerałów, wszystkie czyste siły Bytu, wiecznego wszechświata, to stale staje przed nami pytanie: Co oddziela mnie, co jeszcze oddziela nas od życia Wszech-Jedności?

Myślimy: „Tak dużo już rozpoznałem i naprawiłem, teraz musiałbym zanurzyć się w oceanie życia".

Ledwie tak pomyślimy, a pojawia się następna kropla albo cała fala tego, co jeszcze należałoby naprawić. Proszę się nie poddawać! Z dnia na dzień może być tylko lepiej.

Uczymy się przyjmować właściwości dziecięctwa: Dobroć, Miłość i Łagodność, czyli najpierw uświadamiać sobie, że w Bogu, naszym niebiańskim Ojcu, jesteśmy całkowicie wolnymi synami i córkami Boga. Jako ludzie nazywamy właściwości dziecięctwa także Cierpliwością, Miłością i Miłosierdziem, bo w nich mieszczą się kroki do naszego prawdziwego źródła, do Dobroci, Miłości i Łagodności.

Proszę nie mówić: „Trudno to przyjąć; jestem człowiekiem".

Proszę nie utrudniać swojej ziemskiej egzystencji takimi stwierdzeniami. Jeśli jako ludzie częściej poświęcamy uwagę wyższym wartościom etycznym i moralnym, to w procesie uświadamiania sobie: co myślę, co mówię, kim w rzeczywistości jestem, wiele ujawnia się niemal samoistnie.

Uczmy się wszyscy żyć w Tym, który nas kocha i którego synami i córkami jesteśmy w głębi swoich dusz.

Zwrócenie się do prawdziwego życia lub oddzielenie się od swojej prawdziwej istoty wynika zawsze z nas samych, z naszego systemu zapisu, z indywidualnych zapisów, które w wielu aspektach są sprzeczne z Prawem Wszech-Jedności. Dlaczego? Ponieważ większość ludzi dała posłuch podszeptom pogańskich bogów i do dziś się ich trzyma, a ci występują pod rozmaitymi instytucjonalnymi i wirtualnymi imionami.

Spod swoich płaszczyków głoszą na przykład podstępnie rzeczy sprzeczne z nauką prawdziwego Boga i Jego Syna, niegdyś Jezusa z Nazaretu. Wielu zwolenników pogańskiego kultu, nazywanego czasem kultem Baala, postępuje zgodnie z głoszonymi naukami i w każdej chwili, w każdej minucie, w każdej godzinie, dzień po dniu zapisuje w sobie posłanie fałszywych bogów, bez sprawdzenia, bez zważenia i zmierzenia.

Te fałszywe przesłania stają się następnie wzorcami, które determinują nasze postępowanie, sposoby zachowania. To wtedy myślimy i to z nas wypływa – albo to, co przemilczamy.

Uwaga! Układ nerwowy jest na przykład bezpośrednim systemem ostrzegania; sygnalizuje i wskazuje to, czym jesteśmy i co – często wbrew woli – robimy, zamiast to zawczasu naprawić. Najczęściej bierze się to z nieprzemyślanego filmu życia albo z chwilowo niekontrolowanego postępowania.

Jednak bierze się to z nas, z naszych pięciu komponentów: czucia, odczuwania, myślenia, mówienia i postępowania, którymi często żonglujemy.

Żeby odnaleźć siebie, odkryć, kim się naprawdę jest, co ma się zapisane w filmie życia i co się w niego aktualnie wpisuje, trzeba stale być czujnym i nie spuszczać siebie z oka. Ucząc się na sobie przez uświadamianie sobie, co właśnie myślimy i mówimy albo co nas akurat denerwuje i irytuje – na przykład, kto spowodował kłótnię i na ile daliśmy się w nią wciągnąć i tym podobne – z czasem uczymy się także widzieć, co kryje się pod reakcjami innych ludzi, czyli rozpoznawać ich.

Liczy się czujność, gdyż to, co z nas wypływa, kiedyś powróci do nas powrotną falą.

Powtórzmy: Wszystko, naprawdę wszystko, co myślimy i mówimy, całe nasze zachowanie, pokazuje się w obrazach i zapisujemy to w pamięci również w obrazach.

Każdy dzień przynosi każdemu z nas inne okoliczności, sytuacje, rozmowy, a także troski i obawy związane na przykład z rodziną, kręgiem przyjaciół, miejscem pracy, uprawianiem sportu i tym podobne.

Zapisujemy nieustannie. Możemy się też jednak w każdej chwili uczyć – jeżeli w różnych sytuacjach i rozmowach ciągle będziemy siebie kwestionować, sprawdzając: Co mnie porusza? Na co i jak reaguję? Dlaczego w określonych sytuacjach, które mnie dotyczą, jestem podminowany lub przyjmuję postawę obronną, szczególnie gdy napinają się moje nerwy i przyspiesza puls?

*Prawdziwa pokora
to wolność, opiekuńczość i wsparcie –
egoizm gardzi życiem i niszczy*

Powtórzenia utrwalają przyswojone lekcje: Wszech-Jedyny jest miłością Bożą i braterską, która obejmuje Wszech-Jedność, całą nieskończoność, wszystkie ciała niebieskie, wszystkie zwierzęta, rośliny i minerały. Wszechobejmujące życie, którym jest Wszech-Jedyny, Bóg Stworzyciel, jest absolutną pokorą, pochylającą się nad najmniejszym i pozwalającą mu stawać się, wzrastać i dojrzewać w Jego miłości, w stwórczej i kształtującej kołysce Boga, duchowym łonie dla Jego dzieci.

Odwieczny jest z nami, ludźmi. Wspiera nas. Wzywa nas i podaje nam rękę. On, prawdziwa pokora, jest troskliwym Bogiem Ojcem-Matką, także wobec nas, ludzi.

Uczymy się:

Bez prawdziwej pokory nie ma miłości Bożej i braterskiej, a bez Bożej i braterskiej miłości nie ma pokory, nie ma miłości ani miłosierdzia dla naszych współstworzeń, zwierząt i roślin, ani dla Matki Ziemi, żywicielki ludzkości. Prawdziwa pokora to wolność, opiekuńczość i wsparcie – egoizm gardzi życiem i niszczy.

Przyjrzyjmy się sobie i nauczmy się: Kto chce, niech uczy się konfrontować swoje sposoby zachowania – którymi codziennie żongluje – z Dziesięcioma Przykazaniami i naukami Jezusa z Nazaretu, żeby zbadać, czy naprawdę jest pokorny czy raczej jest wielbiącym siebie egomaniakiem, który codziennie się odurza.

Kolejną lekcją będzie:

Co chcą nam przekazać i czego nauczyć zwierzęta i rośliny? Nie na odwrót, co my mamy do powiedzenia zwierzętom i roślinom.

Uczymy się i coraz bardziej pojmujemy w sobie:

Boskie stworzenie nie ma intelektu, ale wszech-inteligencję. Zwierzęta mają inteligencję, bo są w Tchnieniu Boga.

Kiedy człowiek nabiera pokory wobec Wszech-
-Życia, Wszech-Bytu, nie doświadczy wprawdzie
cudów ze strony zwierząt, ale zyska prawdziwych
przyjaciół, prawdziwych towarzyszy, od których będzie się mógł czegoś nauczyć.

Opłaca się codziennie uświadamiać sobie, jak
potężne, wszechobejmujące życie w nas pulsuje: to
doskonałe jądro istoty w sednie każdej duszy, a tym
samym w sednie duszy każdego człowieka, w każdym z nas.

Zwierzęta
chcą być brane na poważnie
i traktowane z uwagą

Uczymy się: Zwierzęta z Tchnienia Boga – obojętnie jakiego gatunku czy rozmiaru – należą do życia, do jedności, do nas, ludzi. Przez swoje starsze
rodzeństwo, przez ludzi, chcą być brane na poważnie i traktowane z uwagą, tak jak wieczny Bóg-Stworzyciel przekazał to swoim Tchnieniem w stwórczej
i kształtującej kołysce wszystkim boskim istotom
wiecznego królestwa, wiecznego Bytu, którymi również jesteśmy w sednie swoich dusz.

Niejedno zwierzę mogłoby nam, ludziom, pomóc w odnalezieniu siebie w swoim filmie życia, na przykład w obliczu tego, jak zachowujemy się wobec innych ludzi, wobec świata zwierząt i roślin. Jesteśmy powołani do zadawania sobie wciąż na nowo pytania, na ile zbliżyliśmy się do Boga w sobie, do Słowa Prawa Wszech-Jedności.

Zwierzęta domowe, które na ogół są nam najbliższe, mogłyby nas niejednego nauczyć, również pytaniem, które do nas kierują, brzmiącym: Kto tu kogo wychowuje?

Podejście do naszych braci, zwierząt, powinniśmy stale poddawać krytycznej kontroli, na przykład pytając: Czy jako ludzie chcemy być więzieni? Kto by tego chciał?! Ludzie dążą do wolności. Prawo do wolności mają też zwierzęta, gdyż zwierzęta z Tchnienia Boga mają w sobie prawo wolności.

Każdemu stworzeniu, dużemu czy małemu, należy się szacunek i życzliwość, których człowiek wymaga dla siebie. Tylko we wzajemnym poważaniu jest komunikacja i podstawa wszech-łączności życia, którym jest wieczny Stwórca.

Nasze zwierzęta domowe są istotami tak jak wszystkie inne zwierzęta ziemi, powietrza i wód. Chcą być brane na poważnie. Kot lub pies nie chce być na przykład traktowany jak przytulanka ani trzymany w zamknięciu pies nie chce być uwiązany na łańcuchu, a ptaki nie chcą siedzieć w klatkach. Powinniśmy dać im wolność i do każdego brata, zwierzęcia, odnosić się odpowiednio do jego prawdziwych, danych przez wiecznego Stwórcę skłonności.

Czułe słówka i traktowanie zwierzęcia jako przytulanki mogą wskazywać na to, że nie bierzemy zwierząt na poważnie, nie cenimy ich istoty, uznajemy za mniej ważne od nas i odpowiednio do tego je traktujemy. Nie liczy się ludzkie postrzeganie siebie jako centrum świata, ale prawdziwa pokora, którą jest Wszech-Jedyny i którą również włożył w nasz boski zalążek.

*Aura odzwierciedla
sposób zachowania –
zwierzęta postrzegają naszą emanację*

Każdy z nas zachowuje się zgodnie z obrazową treścią swojego filmu życia; to jego nacechowanie; tym emanuje człowiek; to jego fluid, jego aura. Każdy obraz w filmie życia ma między innymi swoją specyficzną woń; to zapach ciała, który zwierzęta odbierają w ramach swojego postrzegania. Wszystkie zwierzęta, małe czy duże, żyją, jak już wspomniano, swoimi sekwencjami boskich obrazów stworzenia, odpowiednich do ich poziomu ewolucji.

Niestety niosą też w sobie obrazy tego, jak traktowali je i traktują konkretni ludzie. Te obrazy nazywane są „obrazami węchowymi". Na ogół są one dla zwierząt ostrzeżeniem. Mogą one „wywęszyć" obrazy ludzi, pokazujące wyraźnie, kogo mają przed sobą, co na przykład ten człowiek myśli, jaki jest i jakie ewentualnie ma wobec nich zamiary, co mógłby im zrobić. Myśli także mają swoją specyficzną woń.

Drodzy Państwo, pozwólcie żyć naszym młodszym braciom, zwierzętom. Bądźcie dla nich dobrzy!

Jeśli chcemy się uczyć, to powinniśmy sobie uświadomić, że całe nasze zachowanie jest naszym nacechowaniem, które odzwierciedla się jako aura, jako korona wokół naszego ciała, i pokazuje nasze sposoby zachowania w kolorach, kształtach i zapachach. To nasz film życia i wyraz naszego obecnego charakteru.

Kto bada sam siebie, uczy się na sobie. Jak powiedziano, pokora jest drogą do wszech-łączności.

Kto chce się uczyć, niech zada sobie pytanie: Jak się miewa moja pokora? Jak głęboki jest jeszcze krater egomaniactwa? Co wrze jeszcze w naszych myślach, chcąc niszczyć i psuć, dręczyć, maltretować, torturować zwierzęta czy wręcz zabijać je dla własnych potrzeb?

Nie jest niestety rzadkością to, że ludzie egocentrycznymi wzorcami myślenia tego rodzaju, a zarazem sposobami postępowania, wpływają na zwierzęta i trzymają je w niewoli, oddają na rzeź, świadomie każą je zabijać i zjadają ich zwłoki.

Uczmy się patrzeć zwierzętom w oczy. W ich oczach odbija się często strach i panika, gdyż wyczuwają węchem zamiary ludzi i to, co może je spotkać z ich strony.

Nigdy nie zapominajmy, że oczy wielu naszych braci, zwierząt, są pełne smutku i cierpienia, patrzą z lękiem i bez zaufania; wiele zwierząt ze strachu przed sposobem postępowania ludzi stało się wobec nich agresywnych i nieprzyjaznych. To też coś nam mówi. Metody wychowawcze, które stosujemy wobec zwierząt, żeby zmusić je do uległości, powinniśmy gwoli sprawiedliwości zastosować wobec siebie do zmiany swojego sposobu zachowania. Mieć rację to jednostronność; dać działać sprawiedliwości to doprowadzić do samorozpoznania tego, co być może zaksięgowano po naszej stronie.

Strach, obawa i atak zwierzęcia są znakiem, że doświadczyło ono wiele zła, wiele okrucieństwa – i z pewnością nie z ręki Boga-Stworzyciela, ale z ręki człowieka!

Uczmy się: Co możemy wyczytać z oczu zwierząt, na przykład z oczu naszego psa czy kota lub z zachowania ptaka w klatce? Co i jak komunikują nam zwierzęta? Żeby to poczuć, musimy stać się spokojni, a swoje myśli i życzenia wobec zwierząt najpierw skierować do siebie w pytaniu: Czego oczekujemy od naszych braci, zwierząt, czego sami nie robimy wobec nich ani wobec naszych bliźnich?

Pytanie dodatkowe z rozmowy

Żeby zrozumieć zwierzęta, trzeba stać się przepuszczalnym

Pytanie: *Ciągle słyszymy, że zwierzęta i rośliny chcą nam coś przekazać i czegoś nas nauczyć. Czy są na to jakieś przykłady? I jak mam się upewnić, że naprawdę odbieram to, co chce mi na przykład powiedzieć zwierzę, a nie to, co pochodzi ze mnie, czyli to, co jest zapisane w moim filmie życia?*

Odpowiedź: Jeśli chcemy się nauczyć rozumieć zwierzęta lub rośliny z Tchnienia Boga, to wymaga to sprawienia, by ludzka świadomość była odpowiednio przepuszczalna.

Każdy człowiek o elastycznej świadomości ma dla życia zwierząt i roślin stosowny szacunek. Dużo łatwiej uczy się rozumieć, co właśnie zwierzęta chcą nam zakomunikować przez zasadę „wysyłania i odbierania". Na przykład lot ptaków ma nam coś do powiedzenia, szczególnie gdy ptaki nas dostrzegą i w panice zrywają się do lotu, wydając ostrzegawcze dźwięki, albo gdy siadają na gałęzi drzewa, by obserwować nas z pewnego dystansu.

Jeśli chcemy się uczyć, możemy zwrócić uwagę na różne rzeczy, na przykład: Co wywołało w nas, czyli na „płycie rezonansowej" układu nerwowego, to odfrunięcie oraz wydawane przez ptaki dźwięki? Jakie myśli płynęły w chwili, gdy zwierzęta się przestraszyły i co myśleliśmy, gdy odlatywały w panice albo gdy obserwowały nas z drzewa?

Wszystkie poruszenia i odruchy zwierząt są aspektami wysyłania, które coś poruszyły w naszym układzie nerwowym i w procesach myślowych, co znaczy, że odebraliśmy coś, co być może było dla nas przesłaniem. Każdy z nas odbierze to, co akurat w filmie jego życia będzie miało dla niego znaczenie.

Pomyślmy też o zwierzętach domowych lub gospodarskich, które żyją bliżej nas. Dla nich nie jesteśmy po prostu człowiekiem, którego znają lub któremu ufają; one postrzegają nas w dużo bardziej zróżnicowany sposób: po pierwsze, znaczenie ma nasz zapach, po drugie, rejestrują one sposób ruchu, czy jest gwałtowny czy raczej zrównoważony. Widzą i czują węchem cały fluid, całą aurę człowieka, ponieważ to, co człowiek zapisał w swojej duszy oraz w świadomości i podświadomości, jest widoczne również w jego aurze i ma specyficzną barwę i woń.

W kontakcie z naszymi braćmi zwierzętami moglibyśmy częściej zadawać sobie pytania: Jakie odcienie barw i jaki zapach mają teraz moje myśli? Albo: W jaki sposób się dziś zachowuję? Wszystko, co ukrywamy – czy tylko udajemy przyjazne zamiary wobec zwierzęcia, czy naprawdę jesteśmy jego przyjaciółmi – jest dla zwierzęcia jawne. Ono rozpoznaje, jacy naprawdę jesteśmy, bez zwracania uwagi na nasze udawanie, które można też nazwać „maskaradą".

Wszystko, naprawdę wszystko jest jawne; wszystko ma swoje barwy, swoje dźwięki i odpowiedni zapach.

Uczyć się od zwierząt

Jeśli chcemy, możemy uczyć się od zwierząt. Nie reagują one tak spontanicznie, często nierozsądnie, jak człowiek. Zanim zwierzę zareaguje, tworzy się w nim obraz. Kiedy obraz rozwinął się w zwierzęciu w dostatecznym stopniu, następuje widoczna reakcja. Oczy zwierzęcia mogą stać się mętne, bo na przykład boi się ono człowieka. Równocześnie podejmie próbę ucieczki albo zaatakuje, odpowiednio do podłoża zdarzeń. Zwierzę może się też poddać człowiekowi i zrobić to, czego on żąda – jednak najczęściej ze strachu.

Jeśli nie widać drogi ucieczki, wiele zwierząt poddaje się losowi i bierze na siebie jarzmo. Smycz, łańcuch, zamknięcie są dla nich odebraniem wolności, okrucieństwem człowieka, przed którym zwierzę nie może się bronić.

Zwierzęta to subtelnie odczuwające, inteligentne istoty. Zapamiętują, kto je poniża, być może bije, a kto okazuje im szczerość i dobroć. Czujne, otwarte i czyste oczy zwierzęcia mogą nam mówić: „Jesteś moim przyjacielem i mnie nie skrzywdzisz; zawarłem z tobą przyjaźń". Albo nawet: „Jesteśmy przyjaciółmi".

Zwierzęta nie znają lęku przed umieraniem, ale jak najbardziej boją się, wręcz panicznie, męczeńskiej śmierci z ręki człowieka. Poza tym czują i odczuwają, kiedy przychodzi na nie godzina wydania w ręce rzeźnika.

Ludzie zjadający mięso swoich współstworzeń mają między innymi specjalny wyziew, czyli określony zapach, który wyczuwają zwierzęta. „Woń śmierci zwierząt" jest dla nich nie tylko sygnałem ostrzegawczym; niektóre zwierzęta doprowadza to do paniki i atakowania.

Proszę częściej zaglądać w oczy zwierzętom prowadzonym na rzeź – być może zniechęci to Państwa do zjadania części ich ciał.

Uświadommy sobie, że zwierzęta mają subtelne postrzeganie. Ich inteligencję ludzie nazywają – nieco pogardliwie – instynktem; jednak inteligencja zwierząt jest w ciągłej łączności z uniwersalną wszech-inteligencją, z wszech-życiem. Uświadomienie sobie tego oznacza sprawdzenie, jak to wygląda w przypadku nas, ludzi.

Nie oszukujmy się! Człowiek może coś udawać przed innymi ludźmi, ale nie przed zwierzętami. Ludzie najczęściej nie znają samych siebie, ale zwierzęta widzą człowieka na wylot, bo w ich świadomości rozwija się niezafałszowany obraz.

Każde zwierzę ma świadomość odpowiednią do swojego stanu rozwoju; stosownie do tego wysyła i odbiera. Zwierzęta są istotami obdarzonymi zdolnością postrzegania, rozpoznającymi wzrokiem i węchem postrzegane obrazy, które zmieniają się dopiero wtedy, gdy człowiek w swoim ziemskim życiu staje się łagodny i wyrozumiały.

Ludzie emitują rozmaite częstotliwości. W całym spektrum wibracji istnieją częstotliwości odbierane przez konkretne gatunki zwierząt, które odpowiednio do tego się zachowują.

Niestety zdecydowana większość ludzi niemal nie ma dostępu do światów zwierząt, roślin i minerałów. Ludzie niszczą, polują na zwierzęta, zabijają i zjadają je bez namysłu. Ten mrok negatywnej energii przenosi się na zwierzęta. Wiele gatunków zwierząt przejmuje zwyczaje ludzi. Polują na swoich braci, zabijają ich i zjadają.

Ludzie wszystkich pokoleń powodują to zło.

Gdyby poszczególni ludzie skupili się na wyższych wartościach etycznych i moralnych w świadomości, że we wszystkim i we wszystkich jest działanie Boga, siła stwórcza Boga, miłość Boga, wszechmocne, wieczne Prawo, które naświetlają nam przykazania Boże i nauki Jezusa, Chrystusa, to na Ziemi byłby pokój. Zwierzęta przyjęłyby to, czym emanuje człowiek, i odpowiednio do tego by się zachowywały.

Żyć ze zwierzętami i zawrzeć z nimi prawdziwą przyjaźń, to mieć szczerych, wiernych przyjaciół. Zwierzęta kochają bycie razem z ludźmi, którym mogą zaufać. Okazują się być godnymi zaufania przyjaciółmi, zwierzęcymi braćmi o kosmicznej inteligencji, zatem o świadomości, która wykracza poza intelekt ludzkiej ignorancji.

Przypomnijmy sobie słowa Jezusa: *Królestwo Boże jest wewnątrz was.* Królestwo Boże jest wszechżyciem, do którego należy każde zwierzę, każda roślina, każdy minerał oraz wszystkie słońca i planety. Wszystkie słońca i planety są zanurzone w świetlistym eterze i same są skompresowanym, zagęszczonym świetlistym eterem. Wszystko we wszystkim jest Słowem Prawa Wszech-Jedynego. I wszystkie aspekty świadomości we wszystkich obszarach niebios odbierają Jego Słowo.

Z kolei człowiek sam sobie jest prawem. Co zapisał w swoim umyśle, jest jego osobiste, to odpowiada jemu, osobie, tym jest i tak się zachowuje. Tak się ubiera, tak mówi, tak je, tak się prezentuje, taki jest w domu. W całokształcie nazywa się te sposoby zachowania prawem osobistym albo prawem odpowiedników danej osoby.

*Doświadczenia widzów programu
„Mówiąca Wszech-Jedność –
Słowo Uniwersalnego Ducha Stwórczego"
oraz uczestników rozmów*

Zasada wszech-łączności budzi duże zainteresowanie i pobudza ciekawość, szczególnie w odniesieniu do zwierząt, czyli w kwestii porozumiewania się ze zwierzętami. Wielu ludzi z zachwytem przyjmowało wyjaśnienia w temacie „Mówiąca Wszech-Jedność – Słowo Uniwersalnego Ducha Stwórczego"; liczni zrobili też pierwsze doświadczenia, jak mogą przekuć poznane nauki w czyn.

Miłośniczka zwierząt napisała na przykład: *To nowy świat i zupełnie nowe życie, które otwiera się dla nas, dla wszystkich ludzi!*

Opisała następnie, jak mogła dzięki wewnętrznej łączności pomóc zwierzęciu:

Jeden z naszych kotów od wielu dni nie wracał do domu. Bardzo się o niego martwiliśmy. Przypomniałam sobie wtedy wyjaśnienia dotyczące mówiącej Wszech-Jedności, Słowa Uniwersalnego Ducha Stwórczego, że wszystko jest ze sobą połączone, i całkiem świadomie nawiązałam z naszym kotem łączność „z jądra istoty do jądra istoty", tak że poczułam w sobie jego obraz i jego istotę. Przekazałam mu, że za nim tęsknimy, że go kochamy i że będziemy się cieszyć, gdy wróci do domu (dołączyłam obraz dobrego jedzenia i przytulnych kocich kącików w domu). Potem przestałam o tym myśleć i pojechałam do pracy.

Parę godzin później stanął mi przed oczami obraz kota i poczułam, że muszę szybko wrócić do domu. I rzeczywiście. Kot wrócił! Dość zdziczały, niepewny i okropnie głodny. Dlatego cieszyłam się, że od razu mogłam dać mu świeże jedzenie i wodę i powiedzieć, jak szczęśliwi jesteśmy, że wrócił!

Jestem przekonana, że ta wewnętrzna łączność pomogła naszemu kotu szybko wrócić do domu i że przez to połączenie z nim także ja odebrałam sygnał, żeby wrócić do domu w tym momencie, kiedy byłam mu potrzebna. To przeżycie motywuje mnie oczywiście jeszcze bardziej do ćwiczenia wewnętrznej komunikacji.

Ten program jest świetny. Jestem za niego bardzo, bardzo wdzięczna!

Ceniony muzyk napisał:

Cykl audycji „Mówiąca Wszech-Jedność – Słowo Uniwersalnego Ducha Stwórczego" sięga takich poziomów, że oznacza to dla nas, ludzi, definitywne historyczne pożegnanie się z naszym intelektem i z całą stworzoną przez nas wiedzą. To fantastyczne, że proste pojęcia prowadzą nas w tak głębokie odczucia i wymiary. To budzi ogromną tęsknotę za osiągnięciem tej prawdziwej łączności ze wszystkim. Z pewnością wielu ludzi skacze z radości, że się o tym dowiedzieli! W pewnym sensie to wszystko wydaje się tak proste, że człowiek się zastanawia, czemu mamy w sobie jeszcze tak wiele pokręconych spraw. W każdym razie ten wyjątkowy cel stał się bardziej osiągalny dzięki audycjom i ćwiczeniom – dodaje sił i odwagi do „akcji sprzątania" i „przemeblowania" swojej istoty.

Jako muzyk nauczyłem się starać o wchłonięcie każdej nuty do serca. I dziś rozumiem, że wszystko – wszystko, co żyje, każda istota, każda najdrobniejsza rzecz – jest jak nuta, która może znaleźć we mnie oddźwięk, o ile dam jej właściwą wewnętrzną przestrzeń. Wznosi się nieopisywalne „poczucie symfonii"; znikają granice i stopniowo porzuca się ludzkie pojęcia, by popłynąć w olbrzymim oceanie. To jest... no po prostu JEST!

*Dziękuję, gorąco dziękuję Bogu, naszemu niebiań-
skiemu Ojcu, że możemy dać się wypełnić przez Niego, przez życie!*

W kolejnym przykładzie miłośnik zwierząt opisuje swoją bardzo intensywną lekcję:

*W wyjaśnieniach do tematu „Mówiąca Wszech-
-Jedność – Słowo Uniwersalnego Ducha Stwórczego"
wciąż słyszymy mniej więcej takie stwierdzenie: Wolność jest najwyższym dobrem dla zwierząt!*

*Słyszymy to i tworzymy sobie ludzki obraz wol-
ności, po czym przenosimy go na zwierzęta domowe.
My, ludzie, określamy – czy chcemy to przyznać, czy
nie – jak ma wyglądać wolność zwierząt. Rzadko py-
tamy, co pod pojęciem „wolności" rozumieją nasi bracia, zwierzęta, to znaczy jaki obraz swojej wolności
ma na przykład nasz kot.*

*To dotyczy naszego kota, który pojawił się u nas
z głośnym miauczeniem dziesięć lat temu. Miał drobne problemy ze zdrowiem, ale poza tym nie sprawiał
kłopotów. W porównaniu do naszych pozostałych kotów charakteryzuje go „własne zdanie". Z jednej strony może przesypiać całe godziny w swoim koszyku,
ale z drugiej na równie długo może opuszczać dom.*

Dwoje drzwi jest zawsze otwartych, tak że może wchodzić i wychodzić, kiedy chce. Je i pije, a my się cieszymy, jak jest w domu.

Dwa tygodnie temu przykuśtykał do domu, pomiauczał i wyszedł na dwór, żeby położyć się na ziemi pod krzakiem. Zaniepokojeni od razu wezwaliśmy weterynarza. Po pierwszym badaniu zdiagnozował zerwanie więzadła w stawie kolanowym tylnej lewej nogi. Zalecił dokładniejsze badanie w zaprzyjaźnionej klinice małych zwierząt. Prześwietlenie potwierdziło diagnozę, a weterynarze zalecili natychmiastową operację. „W trosce" – prawdopodobnie bardziej o siebie – zgodziliśmy się na nią.

Kolejne dwanaście dni upłynęło w klinice pod znakiem lewej tylnej łapy w szynie i smutku kota. Odwiedzaliśmy go tak często, jak się dało, i widzieliśmy w jego oczach wyrzut: „Co mi zrobiliście? Czemu muszę być zamknięty w tym pomieszczeniu?".

Próbowaliśmy mu tłumaczyć, że już niedługo wszystko będzie dobrze i łapka się zagoi. Kot kuśtykał, jak mógł i dużo spał. Nadszedł dzień zdjęcia opatrunku, a z nim nadzieja kota, na szybkie uwolnienie.

Kiedy go wreszcie odebraliśmy, w samochodzie z każdym kilometrem rosła nadzieja w jego oczach. „Troskliwie" zamknęliśmy go w mieszkaniu, mimo że jego jedynym pragnieniem była wolność. Chcieliśmy, żeby się przez dwa dni „ustabilizował", ale dla naszego kota była to udręka. Widział, jak inne koty – mamy trzy – wychodzą na dwór, a przed nim zamykamy drzwi, żeby „nie stało mu się nic złego". Tak rozumieliśmy to my, ale nie kot. On chciał tylko wolności, a nie naszej opieki.

Rankiem trzeciego dnia chcieliśmy go zabrać na spacer. Taki był nasz zamiar – ale nie jego. Chciał tylko wolności bez naszej opieki. Uciekł nam. Kiedy po wielu godzinach wreszcie wrócił do domu, do pokoju, postanowiliśmy zostawić otwarte wszystkie drzwi i zostawić mu swobodę poruszania się. Po małym posiłku pobiegł prosto do kocich drzwiczek i zniknął w dużym ogrodzie.

Teraz, gdy znów ma swobodę, jest też znowu szczęśliwy. Jak jest zmęczony, kładzie się na Matce Ziemi obok „roślinnych braci"; jak coś go boli, chłodzi go Matka Ziemia...

Czego można się nauczyć, kiedy słyszymy, że nasze zwierzęta ponad wszystko kochają wolność? Nawet umieranie – oczywiście bez okrucieństw z ludzkiej ręki – nie jest dla zwierzęcia obrazem zagrożenia, bo życie toczy się dalej...

Dla nas, tak „troskliwych" przecież ludzi, to bolesny proces nauki. Można sobie posłuchać teorii, ale *tylko przez osobiste cierpienie i tak zwaną troskę o zwierzę człowiek uczy się powoli naprawdę to rozumieć.*

Mówiąca Wszech-Jedność, Duch Stwórczy, prowadzi zwierzę i nigdy nie wypuszcza go ze swojej ręki. Jednak my, ludzie, rzadko umiemy to zaakceptować. Wydaje nam się, że tylko nasza opieka może uchronić zwierzę od zła. Dlaczego mamy tak ciasny sposób myślenia? Czy wierzymy w nieskończoną opiekę naszego Stwórcy nad wszystkimi istotami? Czasem, szczególnie w tak bolesnych sytuacjach, musimy się przyznać do swojej nieufności, pokłonić się z dziękczynną pokorą przed wielką mówiącą Wszech-Jednością i uczyć się widzieć działanie Stwórcy we wszystkich sytuacjach życia.

Wolność jest najwyższym dobrem dla zwierząt, nawet gdy ceną jest umieranie. Tego mogliśmy się nauczyć z opisanych zdarzeń.

Wrażliwość zwierząt przekracza wyobrażenia człowieka. Oto mały przykład:

Gdybyśmy my, ludzie, musieli zdać się na swoje zmysły i ewentualnie nauczyć się odrobiny telepatii – wciąż jeszcze nie osiągnęlibyśmy komunikacyjnych zdolności zwierząt. Oto przykład z etapu tworzenia podręcznika „Mówiąca Wszech-Jedność, Słowo Uniwersalnego Ducha Stwórczego", opis zdarzenia, które może posłużyć jako kolejny dowód na świadomość naszych zwierzęcych braci:

Siedzieliśmy przy śniadaniu, a nasz kot, o którym już raz była mowa, leżał w pobliżu stołu jadalnego i stolika z telefonem. Rozmawialiśmy ze sobą, a kot z zapałem oddawał się porannej toalecie. Zajmował się akurat lewą tylną łapą, gdy nagle znieruchomiał. Z łapą podniesioną do góry leżał przez parę minut, nasłuchując. Co miało to znaczyć? Nagle wrócił do wylizywania się i zachowywał całkiem normalnie.

Jeden z domowników, który dobrze rozumie naszych zwierzęcych braci, powiedział: „Gdyby nie to, że nie chcę teraz przeszkadzać znajomemu, zadzwoniłbym najchętniej do niego z pytaniem: Miałeś zamiar do nas zadzwonić? A jeśli tak, to czy coś ci przeszkodziło?".

Zgodziliśmy się nie przeszkadzać, ale poczekać, czy ten znajomy jednak do nas nie zadzwoni. Zadzwonił po mniej więcej kwadransie. Zapytaliśmy, czy jakieś piętnaście minut wcześniej nie chciał do nas zadzwonić. Odpowiedź brzmiała: „Tak, jakiś kwadrans temu chciałem zadzwonić, ale akurat ktoś zadzwonił do mnie".

Był to więc dowód na to, że nasz kot wyczuł w swojej świadomości zamiar dzwoniącego, znieruchomiał, czekając na niego, i poruszył się dopiero, gdy połączenie nie doszło do skutku. Wyjaśnijmy jeszcze, że nasz kot nie przepada za telefonem głośnomówiącym i zazwyczaj podczas dłuższych rozmów szuka sobie spokojniejszego kącika.

Na tym drobnym przykładzie bez trudu możemy się przekonać, że wrażliwość odbiorcza zwierzęcia znacznie przekracza nasze ludzkie możliwości. Nasz kot zwrócił nam uwagę na coś, co przebiegało poza naszymi możliwościami postrzegania. Nasze zwierzęta wydają się pojmować rzeczy i zdarzenia, a nawet nasze myśli i reagują na nie. Jak słabo doceniamy jako ludzie nasze zwierzęce rodzeństwo!

Nasz kot był obecny podczas kolejnej rozmowy nas, ludzi, a to, co z tego wynikło, znów wprawiło nas w zdumienie. W pokoju na pierwszym piętrze urządziliśmy mu ciepły kącik do spania, który miał zapewnić bezpieczeństwo i ciepło w jesienne i zimowe chłody. Rozmawialiśmy o tym, że jedna z osób ma w najbliższych dniach zaprowadzić naszego kota do tego pokoju i pokazać mu jego miły kącik.

Zabrakło okazji, żeby to zrobić. A jednak już następnego dnia nasz kot leżał sobie wygodnie w przeznaczonym dla niego miejscu. Najwyraźniej z naszych rozmów, z naszych serii obrazów, pobrał informację, że przygotowano mu przyjemne miejsce do spania. Przypadek czy świadomość zwierzęcia?

Od braci zwierząt możemy nauczyć się więcej:
Zwierzęta to istoty estetyczne, które chcą utrzymać we względnej czystości miejsce, gdzie jedzą.

Można to zaobserwować właśnie u zwierząt domowych. Nasze zwierzęce rodzeństwo, na przykład koty i psy, ma imię i po imieniu się do niego zwracamy. Przy wielu okazjach zauważyliśmy, że naszym zwierzęcym braciom spodobałoby się jedzenie z nakrytego stołu. Przygotowaliśmy im taki nakryty stolik, który zwierzęta chętnie zaakceptowały – to na przykład okrągła deska dla kotów na wysokości 20 cm i o średnicy około 40 cm, dla psów oczywiście dopasowana do rozmiaru danego brata-psa. Ich miski są porcelanowe i każdego dnia są myte. Mniejsze i większe stoliki mają małe białe serwetki, które wymienia się do prania. Taki mały ukłon w stronę zwierząt, który one chętnie przyjęły.

Kolejny miłośnik zwierząt opisuje swoje przeżycia z bezdomnym kotem:

Od miesięcy widywaliśmy ciągle małego kotka na polach w pobliżu naszego domu. Był bardzo płochliwy i uciekał, gdy tylko się do niego zbliżano. Ponieważ był zupełnie czarny z białymi łapkami, nazwaliśmy go spontanicznie Aksamitna Łapka.

Za każdym razem, gdy widziałem tego kotka, łączyłem się z nim we wnętrzu i zawsze spokojnie do niego mówiłem. Po pewnym czasie najwyraźniej nabrał do mnie nieco zaufania, gdyż zaczął zaglądać do mojego domu przez kocie drzwiczki! Zachowywałem się całkowicie spokojnie i kotek odważył się nawet podejść do misek z jedzeniem naszych pozostałych kotów. Tak trwało to jakieś trzy, cztery tygodnie. Zawsze bardzo spokojnie rozmawiałem z kotem, ale ilekroć się poruszyłem, błyskawicznie uciekał.

Pewnego dnia doczekałem się nagrody za cierpliwość. Kiedy wieczorem wyszedłem z łazienki, Aksamitna Łapka stał na środku pokoju dokładnie przede mną! Znów spokojnie do niego przemówiłem i bardzo ostrożnie przykucnąłem, a on zamruczał i zamiauczał – naprawdę odpowiedział. Przygotowałem mu miseczkę z jedzeniem, cały czas do niego mówiąc.

Wtedy po raz pierwszy podszedł do mnie bardzo blisko i wziął jedzenie z mojej ręki.

Wiedziałem już, że lody zostały przełamane, kot nabrał zaufania i zawarliśmy przyjaźń.

Następnego wieczoru już na niego czekałem, a on dał się pierwszy raz pogłaskać. Od tamtego czasu nie ma dość głaskania. Zdarzyło się już, że pół godziny wylegiwał mi się na kolanach, mając jednak na oku wyjście, a więc drogę ucieczki. Teraz to już jednak tylko kwestia czasu, kiedy będzie zostawał na dłużej, aż się całkiem u nas zadomowi.

Zwierzęta chcą być rozumiane – mają swój „język"

Zwierzęta często dają znaki, żeby poinformować nas, ludzi; chcą być rozumiane. Zróżnicowane często dźwięki – połączone jako ton i brzmienie – są ich mową, w której wyrażają siebie. Zalicza się do niej także mowa ciała. Wszystkie sposoby zachowania się zwierząt mogą być przesłaniem również dla nas, ludzi.

Jeśli jako ludzie nauczyliśmy się w znacznym stopniu usuwać negatywne treści swoich pięciu komponentów i coraz częściej sprawdzać, co jest wolą Wszech-Jedynego, to stopniowo zaczynamy rozumieć, co chcą nam przekazać na przykład zwierzęta. Z tego wynika też jednak, że z czasem uczymy się coraz lepiej rozumieć innych ludzi, gdyż, jak już wspomniano, słowa to otoczki wypełnione treścią.

Przez rozszerzenie świadomości człowiek staje się bardziej pokorny i wrażliwy i zaczyna nabierać szacunku dla życia we wszystkim, ponieważ zwraca się do Przykazań Bożych i nauk Jezusa z Nazaretu. Dopiero wtedy w kontakcie ze zwierzętami, ze wszystkimi formami życia, także roślinami, zaczynają – jak to mówią ludzie – „dziać się cuda", które jednak nie są cudami, a jedynie słowem naszych współstworzeń – zwierząt, a także grup roślin i minerałów – którego doznajemy w sobie również w obrazach, słowem wszech-prawa.

Jeśli zdarzyłoby się, że jakieś zwierzę, duże czy małe, reagując na Państwa myślenie lub postępowanie udzieli Wam „nagany", być może nawet fizycznie, proszę się nie oburzać, ale wejrzeć w swoje własne myśli i słowa! Proszę przyjrzeć się sekwencjom obrazów z Państwa filmu życia! Być może ta fizyczna nagana ze strony zwierzęcia pomoże Państwu odnaleźć się w obrazach z filmu życia i zrozumieć, czemu zwierzęce rodzeństwo zareagowało tak gniewnie.

„Wielcy duchem" o zwierzętach

Kto uczy się czuć i rozumieć, pojmie też, co twierdzili wielcy duchem odnośnie świata zwierząt:

I nie ma zwierząt na ziemi ani ptaków latających na skrzydłach, które by nie tworzyły społeczności podobnych do waszych. Nie pominęliśmy w Księdze żadnej rzeczy! Potem zostaniecie zabrani do waszego Pana! (Mahomet)

Ktokolwiek zgadza się na śmierć zwierzęcia, kto je szlachtuje, zabija, kupuje lub sprzedaje jego mięso, przyrządza je, oferuje albo zjada: każdy jest mordercą.

Nie wolno używać danego przez Boga ciała do zabijania stworzeń Bożych, czy są one ludzi, zwierząt lub czegokolwiek innego.

Mięsa nie bierze się z trawy ani z drewna, ani z kamienia, a jedynie z zabicia żywej istoty i dlatego jego zjedzenie jest wykroczeniem. (z pism staroindyjskich)

Biada przebiegłemu, który rani stworzenia Boże! Biada łowcom! Albowiem oni sami złowieni będą. (Jezus z Nazaretu)

Zaprawdę, powiadam wam, że po to przyszedłem na świat, aby położyć kres wszelkim krwawym ofiarom i spożywaniu mięsa zwierząt i ptaków, które przez ludzi są zabijane. (Jezus z Nazaretu)

Spacerując po lasach i polach, człowiek szuka odpoczynku – depcząc przy tym mieszkania swoich współstworzeń

Spacerowicz trafiający do lasu lub na pola rzadko zastanawia się nad tym, że ze wszystkimi swoimi myślami, życzeniami i obojętnością wobec zwierząt i roślin wkracza do ich mieszkań. Rośliny, kwiaty, zioła, trawy, krzewy i drzewa są żywymi istotami, przez które, podobnie jak człowieka, przepływa Tchnienie życia Wszech-Jedynego.

Wiedza, że człowiek z różnorodną motywacją i z różnych powodów dosłownie wdziera się do mieszkań swoich braci zwierząt oraz do miejsca życia wielu gatunków roślin, jest dla wielu ludzi zupełnie nowym punktem widzenia.

Być może niejeden spacerowicz odwiedzający lasy i pola nadstawi ucha, bo najczęściej nie jest świadomy tego, że powinien zachować się tak, jak oczekuje tego od gości odwiedzających jego własne mieszkanie lub dom. Rozumie się samo przez się, że gość wchodzący do cudzego mieszkania lub domu bierze pod uwagę potrzeby gospodarza. Jak my, ludzie, zachowujemy się, odwiedzając strefy mieszkalne i domostwa zwierząt i roślin? Co zabieramy ze sobą na spacer po lesie lub po polach?

212

Wielu spacerowiczów szuka leśnej ciszy, żeby na przykład uspokoić i odprężyć wzburzony umysł. Czy jednak spacer może być wypoczynkiem, jeśli mimo dobrych postanowień idziemy do lasu lub na pole z głową pełną myśli, dyskutując ze swoimi towarzyszami, głośno się śmiejąc, hałaśliwie mówiąc i gwałtownie gestykulując, żeby w ten sposób oderwać się od powszedniego stresu? To nie jest wypoczynek, tylko odwrócenie uwagi.

Niewątpliwie las daje spokój. Pola emanują pokojem. Spacerowicz owładnięty nieposkromionymi myślami wnosi wyraźny niepokój, który wdziera się w przestrzeń życiową istot żywych i napędza strachu mieszkańcom lasów i pól. Kiedy z tego powodu zwierzęta zrywają się do ucieczki, niejeden jest zaskoczony. To nie wiatr ani deszcz przeraziły zwierzęta i wygnały je z ich kryjówek, tylko nieopanowane zachowanie człowieka. Także rośliny, które związane są z miejscem i nie mogą uciec przed człowiekiem, drżą przed spiętrzoną falą ludzkich myśli, głośnym mówieniem i przed sposobem zachowania ludzi.

Jeśli ten krótki opis nie przekonuje Państwa do tego, że zwierzęta i rośliny też mają pewne prawo do spokoju, to proszę pomyśleć o swoim własnym domu. Jak poczulibyście się Państwo, gdyby do waszego domu lub mieszkania wdarł się ktoś, kto momentalnie przytłoczyłby Państwa swoimi wzorcami zachowania, gromkim śmiechem, toczonymi bez końca ostrym głosem opowieściami?

Niejeden pomyśli, że porównanie nisz życiowych gatunków roślin i zwierząt z naszymi własnymi domami jest kulejące, bo przecież chodzi tu o świat zwierząt i roślin. Nie łudźmy się. Zwierzęta i rośliny są o wiele wrażliwsze od człowieka, który sam siebie traktuje jako miarę wszystkich rzeczy.

Przypomnijmy sobie słowa Jezusa z Nazaretu; Jego rada dotyczy też oczywiście świata zwierząt i roślin, ponieważ wieczne Prawo jest Wszech-Jednością, którą jest wspólne życie ludzi, zwierząt, roślin i minerałów. Nauka Jezusa jest dziś ubrana w potoczne słowa: *Nie czyń drugiemu, co tobie niemiłe.*

Inny przykład skłaniający do zastanowienia się: Przed naszym domem zatrzymuje się grupa motocyklistów, którzy gaszą i zapalają silniki, by wreszcie odjechać na pełnym gazie. I tak dzieje się wiele razy każdego dnia.

Jeśli te porównania, a szczególnie słowa Jezusa, nie skłaniają nas, ludzi, do zastanowienia się, to możemy sobie wyobrazić wielkie miasto, na razie bez samochodów i tramwajów, za to z ludźmi, i siebie wśród tego tłumu, natłoku głośnych rozmów i śmiechów, w centrum wdzierającego się w uszy hałasu przechodniów. A teraz dołóżmy warkot niezliczonych samochodów. Całość składa się już tylko na hałas, wrzawę, łomot, śmiechy i krzyki. Dla wielu ludzi jest to hałas, tumult, z którego chcą się wydostać. A przecież to jest miasto ludzi!

Jeśli to hałaśliwe zachowanie przeniesiemy na las i pole – czyli na nisze życiowe braci zwierząt – jeśli więc w lesie i na polu panowałby ten sam nieopanowany, chaotyczny zamęt, to niejeden ciężko by westchnął i stwierdził: „Nie przyjdę więcej do tego lasu ani na to pole, tu się nie da odpocząć!".

Mimo tych różnych porównań mogliby Państwo teraz zaprotestować, że są one przesadzone i wyolbrzymione, bo przecież las i pole to nie miasto; właśnie dlatego niejeden ucieka z miasta, żeby właśnie w lesie lub na polu znaleźć spokój i odpocząć.

Jak zachowują się tam ci spacerowicze? W wielu przypadkach tak samo jak w mieście. Co wnosi ze sobą w przestrzeń życiową zwierząt i roślin spacerowicz, który idzie przez lasy i pola bez opamiętania?

Świat roślin także wysyła sygnały dotyczące wzorów postępowania ludzi.

Zwierzęta uciekają, rośliny drżą – co nam to mówi?

Co mówi nam, ludziom, fakt, że zwierzęta ze strachu rzucają się do ucieczki, a rośliny dygoczą w obliczu gwałtownych i niespokojnych zachowań, a nawet motywacji człowieka idącego przez lasy i pola, bezmyślnie wędrującego po łąkach i polach i depczącego niezliczone rośliny? Taki człowiek uznaje za normalne zejście z drogi, za co często jakaś roślinka płaci utratą szansy na rozkwit. Bądź też kwiat zostaje zerwany zanim się w pełni rozwinie. Nierzadko roślina wyrwana jest z korzeniami, jeśli akurat nie dało się łatwo zerwać kwiatu lub kłosa. Wyrwane korzenie rzuca się nieuważnie na łąkę lub pole.

Zwierzęta w swoim domu, czyli w lesie i na polu, nigdy nie mają prawdziwego spokoju; nigdy nie czują się bezpieczne, bo ledwie hałaśliwi spacerowicze ruszą w drogę do domu, a już w zapadającym zmierzchu zaczyna się skradać myśliwy, tropiący dziką zwierzynę, aż chwyci ją na linii strzału, po czym zastrzeli, czyli zabije.

Zwierzęta mają wrażliwe receptory, czułe anteny. Szybko zauważają, że pojawia się coś obcego. Zwierzę nie ucieka, dopóki nie utworzy sobie obrazu,

obrazu węchowego położenia i sytuacji, żeby określić, co spowodowało na przykład obcy szmer. Kiedy obraz się utworzy, biegnie lub idzie w kierunku, który podpowiada mu powstały obraz. W wielu przypadkach myśliwy wykorzystuje to, żeby podstępnie zabić zwierzę. Zwierzę może też zwietrzyć zagrożenie i wpaść w panikę, przez co rzuca się do ucieczki, nie mogąc kierować się węchowym obrazem. Przy tym często wpada właśnie w niebezpieczeństwo, pod lufę polującego, który „zgodnie ze sztuką myśliwską" oddaje do niego strzał. Czy zwierzę zostało zabite, czy nie, dla polującego i tak zawsze jest to „zgodne ze sztuką myśliwską".

Jeśli dla kogoś wydaje się to normalne, niech wyobrazi sobie następującą scenę: Chwilę przed zaśnięciem podrywa go na równe nogi huk dochodzący z pobliskiego lasu, gdzie właśnie jakiś myśliwy odstrzelił, czyli zabił jakieś zwierzę, brata z wielkiej wspólnoty rodziny Boga-Stwórcy. Być może zwierzę jest „tylko" postrzelone, czyli zranione, i będzie krążyć godzinami, a nawet dniami w niewypowiedzianym bólu, zanim umrze. Zwierzę, może sarna lub locha, zostawiło swoje młode, które teraz także czeka okrutna śmierć, bo bez matki umrą z głodu i pragnienia.

Jak coś takiego nazwać? Dbałością o dobrostan zwierzyny? Wielu ludzi uznaje to za normę, bo kościelna doktryna nakazuje wierzyć, że zwierzęta nie mają uczuć i nie posiadają nieśmiertelnej duszy.

Jeśli te różnorodne wyjaśnienia uwrażliwiły Państwa choć trochę i jeśli przemyślicie to przed kolejną wycieczką na łono przyrody, to zrozumiecie niejedno zwierzę, kiedy wywęszy ono wzburzony umysł niespokojnego człowieka i odpowiednio zareaguje.

Jeśli podczas spaceru uda się zobaczyć – choćby przez lornetkę – zwierzę, któremu można zajrzeć w oczy, i jeśli będzie przy tym możliwe zaobserwowanie zachowania zwierzęcia, to pojmiecie Państwo jego sytuację i przeczujecie, dlaczego na widok większości ludzi rzuci się do ucieczki.

To przykre, że zwierzęta ze strachu przed człowiekiem muszą unikać ludzi, skoro w ich duchowych skłonnościach żywa jest jedność między ludźmi, zwierzętami, roślinami, minerałami i Matką Ziemią w całokształcie wszechświata.

Zwierzęta chcą być z ludźmi, którzy powinni je chronić i o nie dbać, gdyż jako ludzie jesteśmy ich starszym rodzeństwem.

Jak człowiek odnosi się do bezbronnych zwierząt? Poluje na nie w lasach i na polach, podstępnie zabija bezbronne stworzenia. Dręczy zwierzęta w najokrutniejszy sposób, zarzyna je lub każe zabijać. To okrutna, nienaturalna śmierć, to mord na dalszych bliźnich, na zwierzętach, na naszych młodszych braciach i siostrach.

Jak powiedziano, zwierzęta chcą patrzeć na ludzi, chcą z nimi żyć, być ich przyjaciółmi – ale nie chcą być przez ludzi tresowane, nie chcą być używane do różnych celów ani służyć jako rozrywka. Nie chcą też być tak zwanymi zwierzętami użytkowymi; nie chcą być przez ludzi „używane" jako coś pożytecznego, ale chcą pomagać i służyć ludziom swoją siłą.

Zwierzęta mają świadomość tak samo jak rośliny, drzewa i krzewy, rozmaite kwiaty, tak samo kamienie, minerały, gdyż wszystko żyje, a to, co żyje, oddycha Tchnieniem Boga.

Uczymy się i ćwiczymy,
żeby uświadomić sobie, jak wartościowe
stworzenia żyją wśród nas
Ćwiczymy się w obserwowaniu zwierząt

Jeśli uda się Państwu dostrzec podczas spaceru zwierzę, które jeszcze Państwa nie zwietrzyło, czyli jeszcze nie zarejestrowało węchem obecności człowieka, pozwólcie, by jego istota zadziałała w waszym umyśle.

Wprowadźmy się w spokojny nastrój.

Kilka razy głęboko odetchnijmy.

Dobrze jest zamknąć na chwilę oczy i włączyć zwierzę w rytm swojego ciała oddechem.

To znaczy: wdychamy i zabieramy do wnętrza obraz zwierzęcia.

Pozwalamy, bez oczekiwań i w pokorze wobec życia, by obraz zwierzęcia na nas podziałał.

Z czasem doświadczymy, że zwierzę ze swojego boskiego stanu świadomości emanuje do nas pokojem, jednością i poczuciem wspólnoty, co nie może pochodzić z tego świata.

Proszę ćwiczyć się w obserwowaniu naszych braci zwierząt, a także w przypatrywaniu się roślinom, o czym jeszcze napiszemy. Dzięki tym ćwiczeniom, dzięki wyciszaniu się, świadomemu wyłączaniu nieistotnych uczuć i myśli, żeby być obecnym w przestrzeni życiowej naszych współstworzeń, szybko zauważycie Państwo, że stajecie się wrażliwsi, a z czasem nabieracie zdolności wczuwania się w to, co was otacza. A odwiedzając częściej swoje rodzeństwo, zwierzęta w lasach i na polach – naturalnie ceniąc je, co należy się dalszym bliźnim, zwierzętom i wszystkiemu, co ma w sobie życie – pojmiecie Państwo wkrótce, co naprawdę oznacza życie w prawdziwej jedności.

Zwierzęta kochają pokój i wolność. Ich duchowe nastawienie opiera się na jedności i wspólnocie. Dlatego chcą być ze swoim starszym rodzeństwem, z ludźmi.

Bardzo dokładnie czują, kiedy ludzie uczą się je rozumieć w pokorze i z szacunkiem dla mówiącej Wszech-Jedności.

Postrzeganie zmysłowe jest istotne do rozwoju świadomości

Szkolimy się. Wielką pomocą w prawidłowym rozwijaniu świadomości jest zrównoważony, spokojny spacer przez las, po łąkach i polach. Kroczymy ostrożnie, gdyż uczymy się słuchać i wsłuchiwać się, przy czym słuchanie i wsłuchiwanie się to dwie zupełnie różne kategorie postrzegania.

Słuchanie to rodzaj zewnętrznego postrzegania, natomiast wsłuchiwanie się jest wewnętrznym odczuwaniem, wewnętrznym przyzwoleniem na wpłynięcie tego, co słyszymy. Dzięki ćwiczeniom i opanowaniu siebie doświadczamy z czasem połączenia trudnego do zdefiniowania dla człowieka.

Trening i ćwiczenie prowadzi do mistrzostwa.

Podczas świadomego spaceru pojmujemy, że przyroda chce nam udzielić spokoju. Pojmujemy i doświadczamy, że wszystko ma dźwięk, barwę i kształt. Słyszymy dźwięki wiatru, który podczas jesiennych i zimowych spacerów może być zimny. Wiosna wieje ciepłym powiewem, być może z łagodnymi dźwiękami, które zapowiadają gorące letnie wiatry. Od czasu do czasu wiatr przejawia się też jako wichura podobna do bicia w bębny.

Słuchamy pluskania strumienia, świergotu ptaków, a od czasu do czasu głosu zwierząt z głębi lasu.

Wewnętrzne dźwięki, aspekty świadomości życia, rzadko postrzegamy, gdyż jeszcze nie nauczyliśmy się różnicy między słuchaniem a wsłuchiwaniem się, ponieważ różnice między tymi dwoma sposobami postrzegania mogą być istotne. Ale uczymy się!

Drodzy Państwo, to, co słyszymy, co zatem odbieramy za pomocą uszu, jest zewnętrzne, mieści się w trójwymiarowych częstotliwościach. Natomiast wsłuchiwanie się oznacza, że wprawdzie słuchamy zewnętrznymi uszami, ale to usłyszane wkładamy oddechem, wdychając, do wewnątrz, w nasze osobiste ciało dźwiękowe. Wsłuchiwanie się to coś innego niż ciekawskie podsłuchiwanie.

Jeśli potrzeba jakiegoś miernika, proszę się skupić na swoim centralnym układzie nerwowym. Próbujemy przełączyć się ze słuchania na wsłuchiwanie się, na postrzeganie. To samo dotyczy widzenia i zobaczenia.

„Przełączenie się" wymaga zawsze uspokojenia się, na przykład za pomocą głębokiego oddychania, aż świat myśli wyciszy się, by móc przyjąć to, co zobaczone. Wskazuje na nie uspokajający się układ nerwowy.

To, co słyszymy i widzimy, jest dla nas, ludzi, zewnętrznym postrzeganiem zmysłowym. Dopuść-
my jednak głębsze postrzeganie: wsłuchanie się
i zobaczenie, czyli to, co widzimy i słyszymy, przyj-
mijmy oddechem w siebie, w swoje ciało, żeby stopniowo poczuć, jak ujawnia się stymulujące uczucie, które zmienia nasz rytm ciała i udziela spokoju.
Z tego rozwiną się chwile szczęścia, które nie są
z tego świata. To mogą być aspekty wewnętrznego
postrzegania.

Wszystko bazuje na ćwiczeniu i samodyscypli-
nie, również jeśli chodzi o kontrolę na co dzień własnych pięciu zmysłów.

Spróbujmy zharmonizować słuchanie i wsłuchiwanie się, widzenie i zobaczenie, a z czasem staniemy się bardziej wyczuleni na postrzeganie życia.
Przy kolejnych okazjach będziemy coraz spokoj-
niejsi, a nasze narządy zmysłów staną się wrażliwsze. Z tego rozwinie się zrozumienie, że jako ludzie
jesteśmy w sednie swoich dusz kosmicznymi istotami z wielkiej rodziny Boga, w której działa i objawia
się Wszech-Inteligencja.

Każdego dnia uczmy się bardziej szanować świat
zwierząt i roślin, a stopniowo pojmiemy, że Wszech-

-Jedyny, mówiący Bóg-Stwórca, dawca życia, utrzymujący życie, jest we wszystkim i we wszystkich, w najmniejszym i w nieskończoności.

Niech serce i rozum obejmie następujące stwierdzenie:

W najmniejszym jest nieskończoność, a w nieskończoności najmniejsze.

Bóg, stwórca życia, jest wszech-miłością.

Jego miłość jest wszech-pokorą, udzieloną i przynależną w równym stopniu wszelkiemu życiu.

Przeżyjmy wspólnie wirtualny spacer!

Wirtualny spacer pozwala niejedno zbadać łatwiej i głębiej Uczymy się i ćwiczymy

Rozpoczynamy wirtualny spacer przez lasy i pola. W wyobraźni wchodzimy głęboko w las i uświadamiamy sobie, że wszystko jest uduchowionym obecnym życiem i jest obecne w nas jako esencja.

Jeśli jeszcze trudno nam pojąć, że wszystko jest jednością, przemyślmy takie stwierdzenie: Tylko ucząc się, osiąga się mistrzostwo i nikt nie rodzi się mistrzem!

Jednakże kiedyś *jedna* boska istota opuściła wieczną ojczyznę, niebiosa. Odsunęła się od wszechkompetencji wiecznego Boga Ojca-Matki i poszła własną drogą. Obciążyła się i pociągnęła za sobą kolejne duchowe istoty, aż stały się ludźmi. Jednak kiedyś pójdziemy, każdy z nas z osobna, jako człowiek lub jako dusza, drogą powrotną i krok po kroku nastawimy się na swoje duchowe pochodzenie i wstąpimy na ścieżkę do domu Ojca, do wiecznej ojczyzny. Po co czekać? Czemu nie ruszyć jako człowiek, właśnie teraz?

Swoje wirtualne spacery możemy przeprowadzić siedząc na ławce albo przy otwartym oknie bądź kontemplując jakiś naturalny obraz. To, co czyste, subtelne, szlachetne, dobre, miłość do wszelkiego bytu, jest zawsze gotowe dawać nam za pośrednictwem jądra istoty w głębi duszy. Odwieczny Wszech-Jedyny daje, a my możemy przyjmować. W podobny sposób otrzymuje świat roślin i minerałów. Wszystkie istoty żywe i formy życia są ożywione przez Wszech-Jedynego odpowiednio do stanu swojej świadomości.

Właśnie podczas wirtualnego spaceru czujemy powiew tego, co może znaczyć Wszech-Jedność.

Wciąż słyszymy i czytamy, że od nas, od naszego osobistego postępowania, zależy zbliżenie się do życia, do jedności.

Uczmy się prześwietlać swoje myśli i zmysły, żeby usunąć to, co nas powstrzymuje przed dopuszczeniem, by wszech-jedność, wszech-życie, stała się w nas – to, co głośne, ostre, egocentryczne, ujmując ogólnie: samouwielbienie.

Wszystko, naprawdę wszystko chce nam coś przekazać – zwierzę, roślina, minerał, nawet kropla wody, plusk strumienia, szelest liści drzewa, wiatr, który rozwiewa nam włosy – wszystko, naprawdę wszystko zawiera wszechświat, a Wszech-Jedyny jest zawsze obecny. Każda roślinka, każdy kwiat, każde źdźbło, chwast i zioło – wszystko, co tak niepozornie porasta brzeg drogi – ma jako zalążek jądro istoty i jest w łączności z Wszech-Jedynym.

Wszystko, łącznie z żywiołami, niesie w sobie melodię wszechświata, ponieważ wszystko zawiera życie, którym jest Wszech-Jedyny, wieczny Wszech-Duch, którego w krajach Zachodu nazywamy „Bogiem".

Wirtualne spacery są dla nas lekcjami dotyczącymi wewnętrznego postrzegania, obrazu, dźwięku, barwy i brzmienia.

Uczymy się słyszeć i wsłuchiwać się w sobie. Słuchamy na przykład śpiewu ptaka i na chwilę się zatrzymujemy.

Robimy kilka głębokich wdechów i wydechów i zachowujemy się zupełnie spokojnie.

Kto chce, może zamknąć oczy, żeby się lepiej skoncentrować. Ćwierkanie ptaka, jego stan świadomości, jest melodią, która wpisana jest w pulę dźwięków wszechświata.

Próbujemy przyjąć ciało dźwiękowe ptaka w siebie, w swoje ciało, które także jest dźwiękiem, gdyż wszystko jest energią i wszystko ma swój specyficzny dźwięk. Nadal oddychamy spokojnie i głęboko i staramy się nabrać dystansu do swoich myśli.

Uspokoiliśmy się. Słuchanie małego ptaszka zmienia się, staje się wsłuchiwaniem.

Melodyjny dźwięk ptasiej istoty wibruje w naszych fizycznych ciałach. Ciało zaczyna przy tym delikatnie drgać. Oznacza to, że nasze ciała dźwiękowe wibrują na wyższej częstotliwości. Zauważamy, jak powstaje w nas częstotliwość otwierająca nas na dobre uczucie, które przekazuje pewne zrównoważenie.

Czy to może być ciało dźwiękowe ptasiej istoty?

Doświadczamy, że kiedy ciało osiąga wyższy poziom wibracji, możemy doświadczyć w sobie eterycznego rezonansu.

Jeśli nie od razu się to uda, proszę się nie zniechęcać. Przez trening i ćwiczenia doświadczamy, że wszystko opiera się na „wysyłaniu i odbieraniu". Wirtualny spacer staje się naszym polem treningowym.

Ćwiczymy i uczymy się: staramy się nie myśleć. Nauczyliśmy się, że wszystko opiera się na „wysyłaniu i odbieraniu".

Powtarzamy to samo ćwiczenie:
Ptak śpiewa – wysyła. Przechodzimy na odbiór i przyjmujemy w siebie dźwiękowe ciało małej istoty. Tym razem przyciągamy do siebie melodyjne ciało dźwiękowe i głębokim wdechem wchłaniamy jego wibrację w swoje fizyczne ciało. Pobudza to do lekkiej wibracji nasz układ nerwowy.

Każdy z nas, ludzi, reaguje inaczej. Jeden poczuje odmienną wibrację w całym ciele, inny doświadczy eterycznej energii małej ptasiej istoty w centralnym układzie nerwowym, szczególnie w splocie słonecznym. Napływająca w nas wibracja to dobroczynne uczucie, lekkość i wolność. To eteryczne życie to maleńkie, nieobciążone eteryczne ciałko zwierzątka, ptasiej istoty.

Proszę zachować koncentrację i wsłuchać się w swoje ciało: mała ptasia istota chce nawiązać z nami łączność w świadomości „łącz i bądź jednym ze mną!".

Proszę pamiętać, że samorozpoznanie i ćwiczenia prowadzą do uwrażliwienia.

Przez kolejne ćwiczenia z innymi zwierzętami – również ze swoimi zwierzętami domowymi – z czasem uzyskacie Państwo doświadczenie, że ciała dźwiękowe konkretnych istot żywych wywołują w układzie nerwowym lub w całym ciele zupełnie różne rezonanse. Jeśli ktoś nauczył się czuć w swoim ciele inne ciało i postrzegać różnorodne melodyjne częstotliwości, to poczuł powiew nieskończonych eterycznych wszech-dźwięków, przedsmak wszech--symfonii, która jest wszech-harmonią.

Po zrobieniu kilku wewnętrznych doświadczeń tego, czym jest widzenie, zobaczenie, słuchanie, wsłuchanie się, z czasem poczujecie Państwo, że ciało dźwiękowe każdej żywej istoty brzmi inaczej. Jak powiedziano, są to dźwięki odpowiedniego rozwoju świadomości.

Dzięki uczeniu się na samym sobie i ćwiczeniom, Państwa zdolność postrzegania zróżnicuje się, także odnośnie powstających w Was bardziej świetlistych myśli. Tak otwiera się życie, które jest wszech-jednością, dźwiękiem i bytem każdego zwierzęcia, rośliny i minerału, gdyż wszystko ma swoją częstotliwość świadomości, czyli swoją pulę dźwięków, wyrażającą się także w barwie i kształcie.

Wielokrotne ćwiczenia z dalszymi bliźnimi, ze zwierzęcym rodzeństwem, a również ze wszystkimi innymi formami życia zmieniają stopniowo nasze nastawienie do życia. Prawdziwe życie jest nieskończoną pełnią.

Dla uważnego wirtualnego spacerowicza tego rodzaju ćwiczenia mogą być skarbnicą doświadczeń w ożywieniu świadomości, że wszystko żyje i wszystko, naprawdę wszystko czyste wibruje we Wszech-Jedności.

Pamiętajmy też, że każde słońce, każda planeta w wiecznym Bycie, tak jak wszystkie siły subtelniejszych planet i ciał niebieskich materialnego kosmosu, należą do wszech-symfonii.

Na ile rozjaśniło się nasze ciało dźwiękowe?
Wirtualny spacer prowadzi na leśną polanę –
pobieramy w siebie ciało dźwiękowe
kolejnego zwierzęcia

Świadomi wszech-jedności kontynuujemy swój wirtualny spacer. Nieważne, gdzie się znajdujemy, jest całe mnóstwo okazji, by ponownie sprawdzić, na ile rozjaśniliśmy swoje ciało dźwiękowe, żeby pojąć w sobie i poczuć wszechobecne życie.

Podczas wirtualnego spaceru powinniśmy zawsze dokładnie sprawdzać, gdzie akurat przebywamy swoimi myślami, czy w myślach jesteśmy przy wirtualnym spacerze, bo to jest decydujące w uczeniu się, co znaczy „wysyłanie i odbieranie".

Nieważne, na jakim żyjemy kontynencie, wszędzie życie jest obecne w głębi duszy każdego człowieka oraz w zwierzętach z Tchnienia Boga, żyjących na ziemi, w ziemi, w powietrzu i w wodach słodkich i słonych.

Kontynuujemy teraz swój wirtualny spacer. Dotarliśmy na leśną polanę.

Na skraju lasu jest zwierzę, inne pije wodę z przepływającego obok strumienia. Zwierzęta jeszcze nie

233

dostrzegły nas, ludzi. Zachowujemy się spokojnie, żeby pobrać eteryczne ciało dźwiękowe jednego z tych zwierząt.

Wirtualnie stoimy na skraju lasu. „Porządkujemy się", czyli próbujemy wyłączyć ewentualne napływające myśli i opróżnić umysł, czyli osiągnąć skupienie na tyle, na ile się da.

Podobnie jak wcześniej w przypadku ptaka, wirtualnie przyjmujemy w siebie obraz jednego ze zwierząt. Pomaga nam przy tym zamknięcie na chwilę oczu i zrobienie kilku głębokich wdechów i wydechów.

Wdychając, pobieramy teraz w siebie zwierzę jako obraz, który powoli chce się w nas rozwinąć jako eteryczny dźwięk.

Wsłuchujemy się w swoje fizyczne ciało, żeby doświadczyć fluidu zwierzęcia, jego ciała dźwiękowego.

W centralnym układzie nerwowym, szczególnie w tak zwanym splocie słonecznym, powstaje pewna energia, która poprawia nam nastrój, która wywołuje – nieobserwowany wcześniej – pozytywny rezonans.

To może być eteryczny fluid, ciało dźwiękowe zwierzęcia.

234

Proszę zachować spokój. Proszę nie myśleć, lecz dopuścić do głosu uczucia, a zauważymy:

Coś brzmi, wibruje; jest obecne coś, co przekazuje nam harmonię i pokój.

Proszę to dopuścić. A jeżeli nie pojawiłby się oddźwięk, proszę pamiętać, że każdy początek jest trudny.

Z czasem zauważycie Państwo, że wyższe wibracje wprawiają Państwa w radosny harmonijny nastrój, dają przedsmak innej strony życia, który pozwala przeczuć, że wszystko, naprawdę wszystko jest dźwiękiem, barwą, kształtem i zapachem.

Kto coraz bardziej uczy się, jakie efekty w jego własnym ciele dźwiękowym powoduje widzenie i zobaczenie, słuchanie i wsłuchanie się, i kto potrafi potwierdzać, że wszystko żyje, że wszystko wysyła, ten coraz lepiej będzie rozumieć, że we wszystkich i we wszystkim ujawnia się kosmiczne życie – to jest mówiący Wszech-Jedyny.

Podczas wirtualnego spaceru zauważymy, że zamykając oczy, bardziej zbliżamy się do siebie, a gdy tylko je otworzymy, zaczynamy znów myśleć, bo dostrzegamy coś, co odciąga naszą uwagę od tego, co zamierzamy w danej chwili. To też nie będzie przypadek, ponieważ poprzez zmysł wzroku może do nas dotrzeć jakieś przesłanie.

To przesłanie mogłoby na przykład nieść pouczenie: Korzystaj z dnia! Nie skacz myślami od sprawy do sprawy, a to, co robisz, rób całkowicie i ucz się kontrolować swoje zmysły, a wtedy uczucia i odczuwanie zmienią się, wskazując właściwy kierunek.

Uczymy się i ćwiczymy. Wyższe wartości etyczne i moralne można osiągnąć tylko przez samorozpoznanie i odnalezienie siebie dzięki zaniechaniu robienia rzeczy dotychczas uznawanych za normalne, na przykład naśladowania nieetycznych i niemoralnych zachowań nonszalancko prezentowanych przez innych.

Bez prawidłowego, uczciwego uczenia się na sobie samym przypominamy nakręcane ludziki, które bez opamiętania prą przed siebie, porzucając na skraju codziennej krzątaniny sumienie i pozwalając je podeptać innym ludziom. To nie tylko uzależnia, to odbiera wolność.

Dlatego uczmy się i ćwiczmy osiąganie wyższych wartości, które dają prawdziwą wolność. W ten sposób przeżyjemy dzień, czas pracy i odpoczynku, korzystając z niego.

Poza tym doświadczymy, co znaczy prawdziwe życie, którym jest Wszech-Jedność.

Pobieramy w swoje ciało dźwiękowe formę życia kwiatu

Teraz kontynuujemy wirtualny spacer.

W wyobraźni wychodzimy z lasu i widzimy przed sobą kwitnącą łąkę, gdzie swój dom ma wiele roślin – między innymi zioła.

Obserwujemy najbliższy kwiat. We wszystkich kwiatach – obojętnie jakiego gatunku – widać w środku zalążek powstawania, zalążek życia nazywany słupkiem kwiatowym, w którym dokonuje się rozmnażanie.

W wiecznym Bycie duchową esencją każdego gatunku kwiatów jest eteryczny zalążek życia, który etapami rozwija się w jądro istoty w stwórczej kołysce Boga.

Wciąż zwracamy uwagę, że nikt nie musi akceptować tego, co tu opisano, ani w to wierzyć. Zgodnie z Prawem Boga każdy jest wolny. Proszę nie czuć się do niczego zmuszonym.

Jeśli ktoś chce, niech to wypróbuje. Doświadczenie warte jest odrobiny cierpliwości i ćwiczeń!

Uczymy się i ćwiczymy: W wyobraźni patrzymy na jeden z kwiatów na łące, w ogrodzie Boga. Mamy teraz wirtualny obraz kwiatu. Widzimy jego rodzaj i budowę. Zauważamy, że żaden kwiat nie jest we wszystkich szczegółach identyczny z pozostałymi, nawet gdy są tego samego gatunku.

Mimo to każdy eteryczny gatunek kwiatów tworzy się w specyficznym duchowym polu rodzaju, w którym te same gatunki wykazują różne stopnie rozwoju.

Każdy gatunek kwiatów, który dokładniej obejrzymy i z którym stworzymy łączność, może wzbudzić wibracje w naszych ciałach, fizycznych płytach rezonansowych, jeżeli nauczymy się przyjmować istotę kwiatu w sobie. To, czy nam się to uda, każdy z nas określa sam. Jeśli uda się Państwu wyłączyć myślenie, czyli opróżnić umysł, żeby przejść na odbiór, to stopniowo poczujecie, że w fizycznym ciele coś zaczyna wibrować – to eteryczne wibrujące ciało, życie danego gatunku roślin.

Jak powiedziano, wszystko wymaga nauki i ćwiczenia.

Relacja z doświadczenia

Uczestnik rozmów opowiedział o swoim doświadczeniu:

Drodzy Państwo, miałem okazję to wypróbować, nie w formie spaceru wirtualnego, tylko idąc przez prawdziwe łąki i pola. Szum drzew, ćwierkanie ptaków, wiatr, to wszystko odrywało mnie od wykonywanego ćwiczenia. Jeszcze raz poszedłem do lasu i wypróbowałem taki sposób: zaopatrzyłem się w stopery i zatkałem nimi uszy.

Tym razem poszło łatwiej. Zniknęły dźwięki zewnętrznego świata.

Miałem następujące doznania: Jest zupełnie cicho. Przestaje istnieć dystans między tobą a drzewami, krzewami, kwiatami i trawami. Czujesz, że dzielisz z nimi przestrzeń. Drzewo rosnące w oddali nie promieniuje obcością. W swojej istocie jest zupełnie blisko. Dzielisz z nimi wspólną przestrzeń i jesteś częścią całego życia, które cię otacza.

Cisza przyrody przenosi się na ciebie i czuje się przedsmak tego, co przybliżono nam wyjaśnieniami odnośnie mówiącej Wszech-Jedności, Słowa Uniwersalnego Ducha Stwórczego – ciszy, pokoju, łączności, siły i mocy wszechświata.

Czuje się potężne drzewo emanujące stałością, wiernością i niezmiennością oraz delikatny kwiat, który promieniuje wiernością swemu Stworzycielowi. To interesujące doświadczenie. Przeżyłem to. Jeśli Państwo chcecie, też spróbujcie!

Opłaca się zatem zrobić kolejny wirtualny krok.

Kolejny eksperyment:

Proszę wycofać swoje myśli, zatrzymując się i świadomie oddychając, jak już kilkakrotnie opisano. Jeśli będziecie Państwo towarzyszyć oddechowi, temu jak napływa i odpływa, myśli odsuną się coraz bardziej.

Proszę zrobić kilka głębokich wdechów i wydechów.

Jak powiedziano, jesteśmy na wirtualnym spacerze. Jeśli Państwo chcecie, proszę znów zamknąć oczy, żeby nic nie odwracało Waszej uwagi. Niech powstanie obraz kolejnej kwietnej istoty w Państwa wnętrzu; obserwujmy, zobaczmy ją. Bardzo łagodnie napływa uczucie lekkości i świeżości, gdyż kwiat stymuluje centralny układ nerwowy. To może być powiew z boskiego „Niech się stanie", powiew z jądra istoty w głębi duszy.

Jeśli jesteście Państwo w pewnym stopniu wyćwiczeni w wewnętrznym postrzeganiu, to z czasem poczujecie też dźwięk i eteryczny, subtelny zapach kwiatu, gdyż, jak powiedziano, wszystko jest dźwiękiem, barwą, kształtem i zapachem.

Trening czyni mistrza!

Kontynuujemy nasz wirtualny spacer, żeby uczyć się patrzenia w głąb i pojmowania, że wszystko jest jednością, a mówiący Wszech-Jedyny jest obecny.

Trening czyni mistrza! „Mistrz" z czasem pojmuje, że wszystko czyste, wszelki byt jest żywy w nim – co za tym idzie, w nas – i że ostatecznie nie ma tu ani tam, w górze ani na dole, z tyłu ani z przodu, z prawa ani z lewa.

Podczas wirtualnego spaceru zauważamy na kwitnącej łące roślinę leczniczą. Co sugeruje nam pojęcie „roślina lecznicza"? Mówi nam, że to jakieś zioło i że jest dobre dla jakiegoś narządu człowieka, dla jego krwi albo dla uspokojenia jego nerwów czy innych celów. Fakt istnienia ogromnej ilości ziół leczniczych pokazuje, że Wszech-Jedyny troszczy się o ciała swoich ludzkich dzieci.

Roślina lecznicza obserwowana przez nas na wirtualnej kwitnącej łące znajduje się jako zalążek duchowego kolektywu w naszych jądrach istoty, skąd ożywiany jest esencjonalny obraz. Bez potrzeby wirtualnego zerwania jej, chce nam ona przekazać swoim zapachem, że każda forma życia – nawet najmniejsza żywa istota – jest w potężnym duchowym kolektywie nieskończoności.

Bez bycia zerwaną mogłaby przez prawidłowe postrzeganie zmysłowe udzielić nam pomocy poprzez swój zapach, o ile umielibyśmy ożywić jej typ istoty oraz jej zapach w swoim ciele, w swoich narządach.

Kiedy słyszymy „umieć ożywić", wiąże się to z pytaniem: Czy roślina lecznicza może do mnie dotrzeć? Zależy to zawsze od tego, jak wibruje moje ciało dźwiękowe – czyli fizyczne ciało wraz ze swoimi narządami i wszystkimi składnikami.

Wirtualnie pochylamy się nad rośliną leczniczą, by poczuć jej zapach. Proszę kilka razy głęboko odetchnąć i pobrać zapach rośliny – do której wirtualnie się skłaniamy – w swoje ciało.

To można zrobić zawsze, przede wszystkim wtedy, gdy w rzeczywistości, a nie wirtualnie idzie się na spacer i zwraca do rośliny leczniczej, pobierając zmysłami jej typ istoty i zapach.

Przy tym ćwiczeniu proszę pamiętać, że wszystko jest obecne, nawet zapach rośliny leczniczej.

Być obecnym znaczy, że nikt nie musi gdzieś tam iść – życie jest w nas. Każdy sam jest przyrodą.

Poświęćmy się teraz tylko woni rośliny leczniczej. Z czasem – a trzeba czasu, by doświadczyć w sobie życia – poczujemy, jak w naszych ciałach dźwiękowych zapach rośliny leczniczej ujawnia się jako przyjemne uczucie, być może nawet w określonych reakcjach ciała. Możemy się poczuć swobodniejsi, odświeżeni, może się odprężyć centralny układ nerwowy.

Uwaga: Jeżeli podczas rzeczywistego spaceru zbieracie Państwo z rośliny leczniczej parę listków lub kwiatów na herbatę lub inne środki lecznicze, to proszę pamiętać, że taka roślina chce rozwinąć w nas swoje pełne działanie, bez substancji dodatkowych.

Decydujące jest to, jak traktujemy daną formę życia, czy wyłącznie jako środek do celu, jako lekarstwo, czy też dajemy roślinie możliwość rozwinięcia się w pełni w ciele, w narządach, tak jak przy opisanym wirtualnym spacerze.

Proszę nie pozbywać się przekonania, że wszystko jest komunikacją i że cały człowiek jest w łączności z materialnym kosmosem, a sedno duszy jest w łączności z Wszech-Bytem, Wszech-Jedynym, ze Stwórcą nieskończoności.

Kolejna uwaga do stosowania roślin leczniczych: Jeśli trzeba zebrać lecznicze zioła, proszę pamiętać, że korzenie należą do Matki Ziemi. Pozostawmy korzenie Matce Ziemi i zbierzmy tylko taki kawałek rośliny, jaki jest niezbędny. Uczyć się, to także nie marnować niczego, co Bóg-Stworzyciel daje za pośrednictwem Matki Ziemi.

Te ćwiczenia można też wykonywać, jeśli mieszka się w mieście i brakuje dostępu do leczniczych ziół w przyrodzie, ponieważ wszystkie formy życia są we wzajemnej komunikacji. To znaczy, że dla wszech-łączności nie istnieje odległość.

Wszech-łączność jest zawsze teraźniejszością. Nie ma czasu ani dystansu, czyli nie ma też czasu oczekiwania.

Świadomość wysyłająca wszechświata jest zarazem bezpośrednim odbiorem. To dotyczy też leczniczych ziół. Roślina jest osiągalna na swojej bezpośredniej długości fali, jeżeli ten zakres fal jest aktywny w naszej świadomości.

Rezonans komunikacyjny jest możliwy, jeżeli w znacznym stopniu szanujemy życie królestw przyrody, cenimy zwierzęta, rośliny i minerały i odnosimy się do tych form życia bez obojętności, ale przyjaźnie i z gotowością do pomocy. Odległość się zatem nie liczy.

My, ludzie, często wychodzimy z założenia: „Dziś ćwiczę – jutro ma być efekt!". Ale to nie działa z dnia na dzień. Trzeba ciągle, ciągle ćwiczyć i przy tym stawiać sobie pytanie: Jak wygląda moja codzienność – moje myśli, słowa i moje postępowanie?

Jedynie to określa nasze życie, to są też nasze dzieła, i – jak wszystko – opiera się to na „wysyłaniu i odbieraniu".

Ziemia jest żyjącym organizmem

Zanim zakończymy nasz wirtualny spacer, pozwólmy, by zadziałała na nas leśna lub polna droga. Zauważmy mniejsze i większe kamyki, trawki między nimi, gdzieniegdzie wystający kwiat.

Spacerowicz, przechodzień czy nawet kierowca rzadko poświęca uwagę kamieniom i tłuczniowi na drogach. Rzadkością są też ludzie uświadamiający sobie, że depczą po trawie, a czasem rozdeptują kwiat czy jakieś zwierzątko.

Drogi i ulice, tunele i tory, korytarze powietrzne samolotów, trasy rejsów statków i tym podobne są narzucane planecie przez człowieka.

Czy rolnik zastanawia się nad tym, że swoim ciężkim sprzętem do uprawy roli nie tylko uprawia pola, ale też bezlitośnie zagęszcza ziemię i tym samym narusza życie glebowe, zabijając przy okazji niejedno zwierzę, że truje je syntetycznymi nawozami, pestycydami, herbicydami i innymi substancjami?

Czy człowiek ma świadomość tego, jak brutalnymi metodami wydziera się Ziemi minerały?

Ziemia to żyjący organizm. Czy człowiek zastanowił się chociaż, co znaczy dla Ziemi stawianie potężnych tam i budowa wysokościowców?

Nie chodzi tu o budowę domów, ale o masywną ingerencję w Ziemię, przy czym zakłócona zostaje jej równowaga.

Jeśli teraz podczas wirtualnego spaceru spojrzycie Państwo za siebie i przypomnicie sobie liczne rzeczywiste spacery po lasach i polach, to domyślicie się, że właściciel Ziemi ma do nas, ludzi, ogromną cierpliwość.

Także rabunkowa gospodarka na Ziemi jest poważnym wykroczeniem przeciw życiu. To samo dotyczy zabijania zwierząt i istot roślinnych. Wszystko, co jest nosicielem życia – a jest nim wszystko – należy do wielkiej rodziny Boga.

Dopowiedzmy tutaj: co człowiek sieje, to zbierze.

Ziemia została użyczona przez Boga, żeby człowiek podczas ziemskiej egzystencji mógł odnaleźć swoje prawdziwe pochodzenie.

Również zwierzęce rodzeństwo i istoty roślinne postawiono tylko u boku człowieka, aby ponownie otworzył w sobie jedność wszelkiego życia.

Wszech-Jedyny, Stwórca wszelkiego życia, pozwolił, by dla fizycznego dobrostanu Jego ludzkich dzieci rosły lecznicze zioła i podarował dzieciom minerały do pokrzepienia ich ciał.

Odwieczny powiedział, że jako pożywienie mają ludziom służyć owoce lasów i pól, owoce drzew.

Także żywioły będące w rękach Boga służą do kształtowania królestw przyrody i tym samym są wsparciem dla ludzi. Bóg każe słońcu świecić na dobrych i na złych; On, Odwieczny, każe padać deszczom, wiać wiatrom i daje powietrze do oddychania. To i wiele więcej to Jego dary dla nas, ludzi.

Co tak zwany cywilizowany człowiek zrobił ze wszystkim tym, co wieczny Stwórca nam dał?

Jeśli pod koniec naszego wirtualnego spaceru przemyślimy sobie to wszystko i uświadomimy sobie niezmierne wykroczenia przeciw boskiemu stworzeniu, niejeden pomyśli tak:

Duchowo pozostaliśmy ludźmi epoki kamienia, mimo całego naukowego i technicznego postępu. I niejeden dojdzie do wniosku, że być może właśnie naukowy postęp zrobił z ludzkości duchowych analfabetów, którzy nie dorastają poziomem ludom natury.

Zastanówmy się nad tym, że wszystko, czego jesteśmy świadomi, a często również nieświadomi, pulsuje w nas jako esencja, światło, siła, jako życie. Kto osiągnął to rozpoznanie, nie odrzuci już na przykład bezmyślnie skromnego, niewiele dla nas znaczącego kamienia, tak po prostu dla rozrywki. Nie zmarnuje też więcej bez zastanowienia minerałów.

Ludzie, którzy duchowo się rozbudzili podczas wirtualnego spaceru, żyją coraz bardziej w świadomości, że wszystko jest energią i że wszystko w ziemi i na ziemi, w powietrzu i wodach słodkich i słonych jest wszechmocnym, wiecznym Prawem Boga, życiem z Tchnienia Boga. Pojmują i doświadczają, że człowiek jest tylko przelotnym mieszkańcem na tej planecie, gdzie ma sobie przypomnieć, że w sednie jego duszy żyje niezmierny skarb: jądro istoty w nim, wszech-moc i miłość Boga.

Niech nasze wirtualne spacery zmotywują wielu do odbycia rzeczywistych spacerów tego rodzaju.

*W sednie duszy jesteśmy
nieskończenie bogaci
Liczy się wewnętrzne bogactwo –
wieczne życie*

Drodzy Państwo, jedynie wewnętrznym postrzeganiem form życia i istot żywych wokół siebie doznajemy i doświadczamy, jaki skarb zawierają nasze dusze.

Gdziekolwiek pada wzrok, dokądkolwiek niosą nogi – wszędzie w głębi wnętrza działa Wszech-Jedyny. W drodze do pracy, podczas zakupów, przy pracy, we wszystkim, czego doświadczamy, także w domu, w kręgu rodziny i przyjaciół, rozpoznajemy wszech-działanie Boga.

Pamiętajmy, że Bóg, wszech-życie, jest zawsze obecny.

Także podczas nieporozumień i kłótni możemy nauczyć się odszukiwać pozytywny zalążek i zwracać się do niego ostrożnie, czyli w świadomości celu.

Dobro jest zawsze obecne i zawsze jest zarodkiem pozytywnego.

Uczmy się zgłębiać to, co usłyszeliśmy i przeczytaliśmy

Jak można odnieść się do ogromnego cierpienia zwierząt, roślin, całej Matki Ziemi?

Pytanie: *Była mowa o tym, że w efekcie pracy nad sobą i ćwiczeń „staniemy się bardziej przyjaźni, nastawieni pokojowo i tym samym duchowo zharmonizowani". Staniemy się dużo wrażliwsi i intensywniej poczujemy niezmierzone cierpienie zwierząt, roślin, całej Matki Ziemi. Jak można sobie z tym poradzić, żeby nie poczuć się przytłoczonym tym ogromnym bólem?*

Odpowiedź: Można sobie z tym w pewnym stopniu poradzić, modląc się za ludzi, którzy dręczą zwierzęta, brutalnie je zabijają, trzymają w zwierzęcych gettach jako zwierzęta rzeźne, oddają na rzeź i tak dalej. W modlitwie powinniśmy pamiętać o duszach tych, którzy jeszcze – z niewiedzy lub ze słabości – jedzą mięso pomordowanych zwierząt. Te wszystkie modlitwy powinniśmy powierzyć pieczy Chrystusa Bożego.

Jednocześnie powinniśmy się zaangażować odpowiednio do swoich możliwości w umożliwienie zwierzętom zgodnego z potrzebami gatunku, swobodnego życia aż po naturalną śmierć, gdyż ta akurat jest dla zwierząt naturalnym, a zatem całkiem „normalnym" procesem.

Ziemski byt, uznawany przez nas, ludzi, za życie wartościowe z punktu widzenia etyki, powinniśmy również zagwarantować zwierzętom, a ostatecznie całej planecie, która również jest organizmem, ma swoją zdolność postrzegania i tak jak my ma w sobie życie. Ona daje życie i plony; my ludzie możemy je przyjąć.

Daleka jest jeszcze droga
do kosmicznej wszech-łączności,
co wymaga nauki, nauki i jeszcze raz nauki
Kto jest na to gotów?

Pytanie: *Podczas wirtualnego spaceru uczyliśmy się postrzegać w sobie ciało dźwiękowe zwierzęcia i formę życia kwiatu. Jednemu udaje się to lepiej, gdy ćwiczy z braćmi zwierzętami, innemu bliższe wydają się być istoty roślinne. Dlaczego tak jest?*

Odpowiedź: Posłużmy się przykładem słońca i chmur.

Chmury zasłaniają światło słońca i okrywają Ziemię cieniem. Mimo to słońce świeci – niezależnie od tego, czy chmury kłębią się gęsto, czy snują cienką warstwą. Jeśli zachmurzenie jest słabsze, na przykład w postaci tak zwanych chmur warstwowych, słońce prześwieca przez tę cienką warstwę chmur.

Jeśli mrok, zachmurzenie, w jakimś obszarze struktury cząsteczkowej duszy jest gęstszy, to zakłócona jest też komunikacja – na przykład ze światem zwierząt. Jeśli w odniesieniu do życia roślinnego struktura duszy jest bardziej świetlista, to łatwiejsza jest też komunikacja z roślinami.

Podsumowując, należy bez wątpienia stwierdzić, że droga do kosmicznej wszech-łączności jest jeszcze daleka i wymaga wiele nauki i pracy!

Uczmy się wciąż od nowa przypominać sobie, że jako ludzie w sednie swoich dusz jesteśmy wszech-bogaci, czyli nieskończenie bogaci. Szczęśliwy, kto to pojmie!

Uczmy się porządkować świat swoich myśli. Uczmy się obserwować swój oddech.

Uczmy się zbliżać do Wszech-Jedności, żeby w naszych oczyszczonych myślach mógł powstać obraz życia, gdyż, jak powiedziano, w sednie duszy działa jedyny w swoim rodzaju skarb: czysty Byt, wszech-łączność.

Uczmy się, co znaczy życie.

Uczmy się zachowywać w każdej sytuacji spokój i dyscyplinę, żeby opanować ziemskie życie i w tym zrównoważeniu obserwować zachowania naszych braci, zwierząt oraz doznawać i doświadczać przyrody.

Dokądkolwiek pójdziemy, gdziekolwiek będziemy – jest coś do nauczenia się.

Uczmy się wszyscy zauważać życie, gdyż wszystko dzieje się w rytmach, w barwach, kształtach, dźwiękach i zapachach.

Przymierze Odwiecznego
ze zwierzętami

Ten, kto coraz bardziej wypełnia w życiu prawo jedności, miłości do Boga i do bliźniego, nabywa przekonania, że dopiero gdy my, ludzie, osiągniemy Wszech-Jedność, na Ziemi zapanuje pokój – taki, jaki zapowiedział Bóg, Odwieczny, około 2700 lat temu przez swojego proroka Izajasza:

Będzie mieszkał wilk z jagnięciem,
a pard z koźlęciem legać będzie;
cielę i lew i owca wspólnie mieszkać będą,
a dziecię małe pędzić je będzie.
Cielę i niedźwiedź będą się paść,
razem legać będą dzieci ich,
a lew jak wół plewy będzie jadał.
I będzie igrało dzieciątko od piersi nad norą żmii,
a odchowane dziecię
do jamy bazyliszka wpuści rękę swoją.
Nie będą szkodzić ani zabijać
po wszystkiej górze świętej mojej;
bo napełniona jest ziemia poznaniem Pana,
jak wody morskie pokrywające.

A przez swojego proroka Ozeasza również już 2700 lat temu Bóg powiedział:

W owym dniu zawrę z nią przymierze, ze zwierzem polnym i ptactwem powietrznym, i z tym, co pełza po ziemi. Łuk, miecz i wojnę wyniszczę z jej kraju, i pozwolę jej żyć bezpiecznie.

Współcześnie, w roku 1999, Odwieczny objawił się przez swoją prorokinię, Gabriele. Zawarł przymierze ze zwierzętami, z całą przyrodą i Matką Ziemią.

Wieczny Duch, Stwórca nieskończoności, powiedział:

Dałem im zdrową Ziemię. Oni jednak z planety mieszkalnej, z Ziemi, zrobili śmietnisko i wylęgarnię chorób i zaraz, i wszelkich plag. Ludzkość jest coraz bardziej chora, gdyż Ziemia nie tylko choruje, ale jest wręcz na krawędzi życia z winy swojego dręczyciela, człowieka, który ją męczy i maltretuje.

Sprawca zła wierzy, że może wyzdrowieć, jeśli odkryty zostanie właściwy dla niego lek, wypróbowywany na zwierzętach w bestialski sposób w tak zwanych laboratoriach.

Wtedy – jak sądzi bezlitosny człowiek – będzie mógł nadal bezlitośnie się wyżywać. Hodowcy zwierząt, którzy trzymają zwierzęta, żeby je zarżnąć, nie są w niczym lepsi od bestialskich ludzi, którzy torturują zwierzęta w laboratoriach, którzy je wykorzystują, rozszarpują i krzywdzą na różne sposoby. Kto zamyka zwierzęta, skazując je na wegetację w ciasnych pomieszczeniach, mimo że Ziemia oferuje wolność, kiedyś doświadczy tego samego według prawa przyczyny i skutku: Co człowiek sieje, to zbierze.

Tak każdy jest kowalem własnego losu. Co człowiek robi zwierzętom, roślinom, minerałom – czyli Ziemi – to spadnie na niego, obojętnie jakie leki zażyje, by uniknąć skutków.

Ludzkość przez wiele pokoleń dręczyła Ziemię w najgorszy sposób. Maltretowała ją i wydzierała jej zasoby. Ludzie ingerowali i ingerują w bieg wód, które są żyłami Ziemi. Wyrzucali i wyrzucają swoje śmieci w źródła życia Ziemi, jakimi są morza. Niszczyli i niszczą ochronną tarczę Ziemi, atmosferę, oraz płuca Ziemi, lasy.

Ludzie stali się kanibalami. Wynaturzenia kanibalizmu nie mają granic. Kanibal-człowiek hoduje miliony milionów zwierząt. Dzień po dniu kanibal--człowiek pędzi je do rzeźni, gdzie zabijane są w okrutny sposób, by potem pożreć ich mięso – oczywiście smakowicie przyrządzone.

Niejeden sądzi, że zwierzęta są towarem i że ma prawo wykorzystywać Ziemię, żeby rosło mu konto w banku. Kiedyś będzie musiał rozpoznać, że w rzeczywistości ubożał tym bardziej, im bardziej rosło jego konto w banku. Nieszczęsne stworzenia, którym się wydaje, że są w stanie przewyższyć Stworzyciela, wkrótce będą musiały pojąć, że Matka Ziemia już do nich nie należy.

Ziemia jest jednak Moja i będzie czynić to, co jest Moją wolą. To znaczy, że przyczyny, wykroczenia człowieka przeciwko Matce-Ziemi, coraz szybciej będą spadać na ludzi jako skutki. Ludzkość dociera do punktu zwrotnego swojego pędu. Przeciwnik Boga sądzi, że może zatryumfować nade Mną poprzez wyrodnych ludzi, którzy ingerują w życie i grają stwórców. On zawsze się mylił i pomylił się również tym razem, gdyż Matka Ziemia jest jednak Moja.

Na sztandarze wielu ludzi widnieje zabijanie. Nienasycony moloch, człowiek, stanął przeciwko swojej własnej planecie mieszkalnej, a tym samym przeciw wszystkiemu, co na niej żyje. Ponieważ ludzie nie przyjęli miłości swojego Zbawiciela do ludzi i zwierząt, odebrałem im Ziemię ze wszystkim, co na niej żyje – zwierzętami, roślinami i minerałami – i powierzam ją w ręce istot duchowych i boskich istot natury, które stopniowo odbudują Ziemię z jej zwierzętami, roślinami i minerałami i doprowadzą ją do uzdrowienia.

Przymierze ze zwierzętami jest zawarte. Niech będzie!

Bóg, Odwieczny, powiedział następnie:

Kiedy Ziemię zamieszkiwać będą ludzie duchowo kosmicznie pojednawczy, ponownie dam Ziemię ludziom, tak jak powiedział Jezus, Chrystus, w Kazaniu na Górze: „Błogosławieni łagodni, albowiem oni posiądą ziemię".

Zwierzęta, rośliny, siły żywiołów, Ziemia, cała przyroda, są częścią życia. Poprzez nie powstanie królestwo pokoju Boga i stanie się na Ziemi tak, jak w niebie.

Przeczytaliśmy: „Kto może to pojąć, niech pojmie, kto chce zostawić, niech zostawi".

Bóg urzeczywistnia swoje Słowo! Można to poznać: Odwieczny stopniowo zabiera z powrotem świat zwierząt oraz świat roślin. Co będzie potem? Co to znaczy dla nas, ludzi?

Morderca Ziemi – człowiek

Obserwując stan ludzkości i Ziemi, nieuchronnie nasuwa się myśl o wandalu, który zrobił z Ziemi pole bitwy, który na lądzie i w wodzie kultywuje pogański kult ofiarny, wyławiając ze światowych mórz wszystkie ryby, zabijając i każąc zabijać zwierzęta na lądzie i cały czas dążąc do totalnego splądrowania Ziemi.

Barbarzyńca-człowiek stał się dosłownie rabusiem i mordercą w stosunku do Ziemi ze wszystkimi ludźmi, zwierzętami, roślinami i minerałami niesionymi przez nią. Takiego człowieka można też nazwać mordercą Ziemi i duchowym analfabetą, który zna tylko siebie.

Kiedy Ziemia zabierze z powrotem to, co do niej należy – na przykład fizyczne ciało człowieka – wyzwolona dusza, która nie jest z tego świata, będzie duchowym wrakiem, który musi się najpierw pozbierać w obszarach oczyszczania dusz, żeby się tam odbudować. Kiedyś wreszcie nauczy się odkrywać, co tak naprawdę w sobie ma: wolnego Ducha, Wszech-Jedynego, który jest jej Stwórcą i niebiańskim, wiecznym Ojcem i który uczy ją, że jest duchem z Jego Ducha.

Zasada wszech-łączności –
bez techniki
Światowe środki łączności człowieka

W coraz bardziej topornym świecie, gdzie ludzkością dyryguje technika, opisane tu najsubtelniejsze duchowo-boskie procesy wydają się być trudno osiągalne. Masy ludzkie stały się otępiałe i głuche na subtelne prawidłowości życia, na których bazują wszystkie formy życia.

Topornienie pięciu komponentów, na przykład treści myśli i uczuć, pociąga za sobą również bardziej toporne i surowe warunki życia większości ludzi. Dlatego słowa ze źródła, z przestronności i głębi życia, brzmią w uszach wielu nieosiągalnie, wręcz niepojęcie, i niejednemu wydaje się niemożliwe doświadczenie tego we własnym życiu.

Do tego, co wyjaśniono nam z siedmiowymiarowego świata wiecznego Bytu, który przenika też nasz trójwymiarowy świat, nowocześni, zorientowani na intelekt ludzie najczęściej nie mają łatwego dostępu. A akurat obecne czasy z ich technicznymi możliwościami dają wyraźniejsze przykłady zasady łączności nieskończoności – „wysyłania i odbierania" – niż kiedykolwiek wcześniej.

Materialne techniki łączności bazują na przetransformowanych na niższy poziom prawidłowościach, które są wyjałowionymi energiami. Są przekręceniem, trójwymiarowym, technicznym odbiciem form łączności wiecznego Bytu, nieskończonego świetlistego eteru, o którym wciąż czytamy. Jak ciężko jest nam, ludziom, uświadomić sobie wszech-łączność; a przecież wszystko opiera się na „wysyłaniu i odbieraniu".

Przypomnijmy sobie: Wszystkie formy życia i żywe istoty w strumieniu życia Stwórcy są ze sobą połączone. Żyją w uaktywnionej wszech-łączności nieskończoności. Nie muszą nigdzie chodzić. Poprzez swoje jądro istoty są połączone z całym kosmosem.

Jeśli chcą nawiązać kontakt z jakąś istotą, która przebywa na przykład w innym obszarze niebios, to poprzez jądro istoty wysyłają jej impuls i w tym samym „okamgnieniu" są obecne i połączone z tą istotą, są wzajemnie jednym. Powiedzielibyśmy, że istoty duchowe i wszystkie formy życia są poprzez jądro istoty wzajemnie „połączone w sieć".

Tu nasuwa się nieuniknione pytanie: A my, ludzie? Gdzie my jesteśmy? Jaki jest nasz potencjał wysyłania? Dokąd wysyłamy?

My, ludzie, przedstawiamy sobą żałosny obraz, jeśli chodzi o wszech-łączność bez techniki; a jednak jakże dumny jest człowiek ze swoich osiągnięć i jak zarozumiały.

Jeśli trudno nam pojąć duchowo boskie fakty, to moglibyśmy sobie uświadomić miliony procesów współczesnych technik łączności.

Jedna z wielu technicznych możliwości, która już spowszedniała i towarzyszy ludziom na co dzień, choć kilkadziesiąt lat temu zaliczano ją do utopii, to telefonia komórkowa. Stało się dla nas oczywiste, że wybierając numer, wpuszczamy w pewną sieć telefoniczną impulsy, którymi łączeni jesteśmy z wybranym abonentem. W obrębie niezliczonych możliwości sieci telefonii komórkowej możemy teraz z dowolnego miejsca wybrać numer i tym samym precyzyjnie nawiązać łączność z wybranym rozmówcą – także z odległego kraju.

Ta łatwa do zrozumienia techniczna możliwość ma miejsce w zagęszczeniu materii, a my ją zawłaszczamy, nie zastanawiając się, na jakich prawidłowościach opiera się ta technika.

Internet już dziś poszerza możliwości technicznego nawiązania łączności niemal do poziomu abstrakcji. Komunikować można się nie tylko dźwiękiem; oddaleni rozmówcy mogą się również wzajemnie widzieć, żeby toczyć rozmowę, tak jakby byli razem w jednym miejscu.

To wszystko uznajemy za oczywiste osiągnięcia techniczne – przy czym chodzi ostatecznie tylko o przetransformowane, można też powiedzieć szatańsko zmanipulowane przekręcenie prawidłowości wiecznego Bytu.

Możemy więc przyjąć to jako porównanie ułatwiające zrozumienie, wyobrażając sobie, co następuje: Tak jak sieć telefonii komórkowej daje każdemu uczestnikowi możliwość wybrania spośród ogromnego potencjału połączeń w sieci jednego specyficznego numeru, podobnie istota duchowa może, podejmując łączność poprzez jądro istoty, osiągnąć z absolutną precyzją inną istotę w całej nieskończoności.

Techniczne możliwości obecnych czasów są w stanie niektórych zauroczyć. Niech takie zauroczenie ogarnie nas w obliczu różnorodności, zakresu i subtelności łączności Wszech-Jedności. Wynika z tego życiowa mądrość dla myślących i słuchających sercem: „Człowieku, nie bądź taki ważny; jesteś większy, niż możesz sobie wyobrazić".

Sieć wszech-łączności towarzyszy schodzącym na Ziemię

Ziemski cykl życia człowieka

Dająca i przyjmująca Wszech-Zasada to zawsze wolny Duch, Bóg, życie nieskończoności, świetlisty eter. Jądro istoty, o którym wiele razy wspominaliśmy, zawiera zatem wszystkie siły Bytu, ponieważ jest skompresowanym świetlistym eterem.

Jezus z Nazaretu uczył ludzi: *Królestwo Boże jest w was.* Tak jest! Wszystkie siły wiecznego Bytu zebrane w jądrze istoty są w nas, w głębi duszy. Źródłem dawania i przyjmowania jest światło wiecznego słońca, które wypełnia nam duszę i ciało siłą życiową.

To boskość w jądrze istoty. Podczas narodzin ludzkiego dziecka, przy pierwszym krzyku, przy pierwszym samodzielnym wdechu jądro istoty i dusza łączą się z rozwijającą się przysadką mózgową dziecka.

Dusza z subtelnej substancji nawiązuje coraz silniejszy kontakt z organizmem noworodka i płynie odpowiednio do swojego fluidu w fizyczne ciało.

W miarę wzrastania i dojrzewania dziecka wpływa coraz głębiej w fizyczne ciało. Poprzez jądro istoty wiecznie wolny Duch daje dziecku ludzkiemu życie. Oddychanie jest u dziecka, jak u nas wszystkich, Tchnieniem Boga.

Poprzez jądro istoty nowy człowiek pozostaje w komunikacji z wszech-łącznością

Jak powiedziano, w miarę wzrostu i rozwoju dziecka część duszy coraz bardziej opanowuje ciało. Sukcesywnie wpływa poprzez siedem duchowych ośrodków w człowieku w składniki fizycznego ciała i przenosi życie do wszystkich funkcji ciała. To oznacza, że poprzez jądro istoty Odwieczny daje swoją siłę duszy, a poprzez duszę wszystkim składnikom i funkcjom ciała.

Dziecko rośnie i dojrzewa, stając się młodym człowiekiem. W każdym wdechu i wydechu obecna jest siła Boga.

Serce człowieka jest jedynie stacją rozdzielczą na okres ziemskiej egzystencji. Mięsień serca nadaje rytm zależny od tego, czy człowiek oddycha płycej czy głębiej.

Dziecko rośnie i dojrzewa, i osiąga wiek młodzieńczy. Czas się nie zatrzymuje – młody człowiek staje się starszy. Mijają lata; starzenie się przechodzi w starość, a jądro istoty cały czas jest połączone z człowiekiem.

Skoro ziemskie życie nie jest trwałe, wcześniej czy później człowiek umiera.

Już podczas narodzin dziecka dusza przynosi ze sobą swój cykl ziemskiego życia, który niegdysiejszy człowiek – o ile jest to kolejna inkarnacja – narzucił swojej duszy. Cykl ziemskiego życia wskazuje między innymi długość doczesnego życia człowieka.

Rodząc się, nowy mieszkaniec Ziemi ma już w sobie ten cykl, czyli okres od narodzin do śmierci. Może się jednak zdarzyć, że człowiek przerwie swój ziemski cykl życia wcześniej niż przewidziano. Dzieje się tak, gdy tworzy liczne przyczyny, przez co mogą wystąpić sytuacje, które niosą na przykład niebezpieczeństwo przedwczesnego zakończenia życia. Tak człowiek przerywa własny ziemski cykl życia przez przedwczesną śmierć z własnej winy.

Istnieją niezliczone warianty losu, na przykład samobójstwo albo związanie karmiczne, w którym ktoś pociągnie za sobą drugiego na śmierć, albo inne. Zawsze jednak człowiek sam jest sprawcą swojego przeznaczenia, swojego losu. Mimo to jądro istoty pozostaje w jego duszy.

Mógłby teraz paść zarzut, że przedwczesna śmierć także musiałaby być przewidziana, skoro nie ma przypadków. Tak rzeczywiście jest – ale zawsze od nas, od samego człowieka, zależy, czy w krytycznej sytuacji na czas się powściągniemy, czy pozwolimy upaść pojazdowi duszy, ciału. Tu też decyduje wolna wola.

Jak powiedziano, przy pierwszym wdechu noworodka jądro istoty i dusza łączą się z przysadką mózgową.

Podczas umierania, z ostatnim oddechem człowieka, jądro istoty i dusza zaczynają się odłączać od przysadki mózgowej. Ciało duchowe wyzwala się zatem powoli z martwego ciała fizycznego, tak że pozostaje ono tylko powłoką swojej wcześniejszej duszy. Przy ostatnim wydechu człowieka wdech robi ciało duchowe z subtelnej substancji i po zupełnym opuszczeniu ciała oddycha dalej, odpowiednio do rytmu swojego poziomu subtelności w zaświatach.

Świetlistsza dusza słyszy brzmienie, dźwięk pewnej subtelnej planety, którą człowiek zaprogramował odpowiednio do „za lub przeciw przykazaniu miłości do Boga i bliźniego".

Tak zwana dusza związana z Ziemią, spętana światem, może się ewentualnie jeszcze długo trzymać doczesności, ponieważ skierowane na materię programy człowieka zostały też wchłonięte przez duszę.

Programy nacechowane doczesnością są zapisane głównie w kosmosie materialnym, ponieważ: dokąd człowiek wysyła, stamtąd odbiera; w tym jest też siła przyciągania, magnes dla duszy wtedy, gdy umrze fizyczne ciało. A mimo to pozostaje wszech-łączność – jądro istoty w duszy.

Nasze zapisy tworzą zatem stację nadawczo-odbiorczą. Jeśli na przykład dusza schodzi do kolejnego wcielenia, zabiera ze sobą swoje istniejące „za i przeciw" w nowy ziemski byt. Jeśli przeważają programy negatywne, to mogą one zdecydowanie wpłynąć na los świeżo wcielonego człowieka. Każdy z nas trzyma to we własnych rękach.

Nie na darmo Odwieczny dał nam przez Mojżesza Dziesięć Przykazań, wyciąg praw z wszechobejmującego Prawa nieskończoności, królestwa Bożego. I nie na darmo Syn Boga, współrządca niebios, jako Jezus z Nazaretu dał w swoim Kazaniu na Górze jeszcze głębszy wgląd w prawidłowości wiecznego Bytu.

Każdy człowiek z osobna sam decyduje o swoim ziemskim życiu stosownie do zasady „za i przeciw": albo za wskazówkami Boga z Jego przykazań i Kazania na Górze Jezusa, albo przeciw radom Odwiecznego, kiedy człowiek działa wbrew swojej duszy wykroczeniami w myślach, słowach i czynach, zużywając w ten sposób energię duszy i ciała, tak że spada na niego los, którego spokojnie można było uniknąć.

Wolność w prawie miłości do Boga i bliźniego ma znaczenie, ponieważ z wszech-prawa płynie wiele ostrzeżeń, które mogłyby człowiekowi pomóc, o ile ten byłby gotów stale siebie kwestionować. Jeśli jesteśmy czujni, jeśli sprawdzamy siebie we wszystkich nieprzyjemnych sytuacjach – czy to dotyczących ludzi, czy naszego zachowania wobec świata zwierząt i roślin, wobec całej Ziemi, ze wszystkim, co na niej jest – to uczymy się na sobie i w porę się powściągniemy.

Jakkolwiek będzie – wszech-łączność, jądro istoty, pozostaje w sednie duszy.

Dusza
przygotowuje człowieka na śmierć

Rada, szczególnie dla osób starszych: Starsi ludzie coraz częściej zauważają, że ubywa im sił fizycznych, że bywają powolniejsi, wręcz słabi, że coraz częściej się męczą. Rytm oddechu przyspiesza; szczególnie przy cięższej pracy trudno złapać oddech. Więcej rzeczy sprawia trudność.

Nie mówimy tu o chorobie; to zupełnie inna sprawa.

Jest przysłowie: „Wiek ściera wszystkich tak samo". Wszystko jedno, czy człowiek skorzysta z chirurgii plastycznej, czy nie, sił ubywa, przemiana materii słabnie, pojawiają się zmarszczki, siwieją włosy i tak dalej. Nie da się tego uniknąć. To część ludzkiego życia: życie zmienia się od narodzin do śmierci, ale jądro istoty zawiera wieczną młodość w wiecznym Bycie.

W całej nieskończoności nie ma przypadków ani nic statycznego, nic, co nagle by się cofnęło. Po określonym czasie przebywania duszy w człowieku zaczyna się przygotowywanie na moment, kiedy dusza wyprowadzi się ze swojego fizycznego ciała.

Podczas etapu przygotowawczego dusza szykuje się na życie w swojej subtelniejszej formie. Bardzo, bardzo powoli – u zdrowego człowieka często przez wiele lat – dusza się wycofuje.

Niejeden starszy człowiek ma na przykład problemy z chodzeniem. Traci także siłę w rękach. Uciążliwe staje się dźwiganie. Zmniejsza się także sprawność narządów wzroku i słuchu. Dni wymagają więcej trudu.

Niejeden człowiek nie chce o tym myśleć. Jak często starsi mówią: „Niemożliwe! Dawniej robiłem to bez trudu. Byłem żwawy, silny, mogłem godzinami pracować bez zmęczenia, byłem wydajny – a dziś wszystko jest takie uciążliwe!".

Tak właśnie jest. Dusza przygotowuje się na inny stan skupienia. Gdybyśmy mogli ją w tej kwestii przepytać, powiedziałaby tak:

„Człowieku, moja ludzka powłoko, zwróć uwagę, że ja, istota duchowa w głębi twojego ciała duchowego, nie jestem z tego świata; ja tylko włożyłam materialne ciało, żeby w tym ziemskim życiu usunąć, na ile się da, nieczystości przyniesione z poprzednich wcieleń. Chcę wracać do domu, do mojego miejsca pochodzenia, wiecznego królestwa

Bożego, gdzie znów będę żyć jako istota duchowa w wiecznym Wszech-Bycie".

Obojętnie jak prezentuje się człowiek, czy próbuje jak najdłużej zahamować proces starzenia przez operacje plastyczne, kąpiele, masaże i tym podobne – każdy, ale to każdy, jest tylko podróżnikiem na Ziemi. Pewnego dnia dusza odłoży fizyczne ciało, bo ono należy do Ziemi.

Nie ma wyjątków – wszyscy ludzie umierają. I choćby dusza jeszcze często wracała jako człowiek, na każdego człowieka – bez wyjątku – przychodzi pora odłożenia ciała przez duszę. Pozostaje w niej jednak jądro istoty, niebiańska wszech-łączność.

Dla wszystkich form życia w zagęszczeniu materii, na ziemi, w powietrzu czy wodach, obowiązuje to samo: ziemia wraca do ziemi.

Materialny kosmos i kosmosy z rzadszej materii Odwieczny także stopniowo prowadzi z powrotem, gdyż życie w Bogu jest subtelne, jest eteryczne i absolutnie czyste.

Jezus z Nazaretu powiedział: *Bądźcie doskonali, jak doskonały jest wasz Ojciec w niebie.*

Wszystko, co nie odpowiada pierwotnemu źródłu, doskonałości, Bóg, Odwieczny, będzie wdychał w cyklach do wiecznego Wszech-Bytu.

Gęstą materię przekształci w rzadszą materię, a rzadszą materię w subtelną substancję.

Wszystko będzie wtedy znów subtelne, będzie najsubtelniejszym pratworzywem, skompresowanym świetlistym eterem.

Nieobciążalne jądro istoty – nadzieja prowadzi do wiecznego życia

Siedziba dojrzewającego jądra istoty u zwierząt, roślin i minerałów

Wszystko z Tchnienia Boga żyje wiecznie i jest zanurzone, a zarazem przyjęte, w niewyczerpalnym świetlistym eterze. Życie z Tchnienia Boga jest światłem z Jego światła; to jądro istoty, to pełnia Bytu.

W tym kontekście pada pytanie: Gdzie mieści się dojrzewające jądro istoty u zwierząt i zalążek istoty u roślin, kamieni i minerałów?

U zwierząt z Tchnienia Boga, które, jak już powiedziano, mają dojrzewające jądro istoty, mieści się ono, odpowiednio do poziomu rozwoju zwierzęcia, w mózgu; można też powiedzieć, że u niektórych zwierząt jest blisko przysadki mózgowej.

Powinniśmy zawsze wychodzić z założenia, że w każdym zwierzęciu, odpowiednio do jego duchowego rozwoju, do jego stanu świadomości, czyli stopnia dojrzałości, jest ukształtowane jądro istoty.

Kiełkujące wieczne życie, zarówno u drobnych zwierząt, jak i u roślin i minerałów, jest jeszcze zebrane w kolektywy i, jak wszystkie formy świadomości, przyporządkowane cyklom ewolucji.

Specyficzny stopień dojrzałości jest stanem świadomości danej istoty żywej lub formy życia.

Kiełkujące życie ma boską strukturę, która może być określona jako struktura cząsteczkowa. Każdy duchowy zalążek jest ujmowany w cząstkę i rozwija się dalej w stwórczej kołysce Boga w najbliższą wyższą formę.

Kiedy stopień dojrzałości kiełkującego życia dochodzi do etapu, kiedy może być ujęte jako jądro istoty w odpowiedniej formie istoty, kontynuowana jest ewolucja, odpowiednio do powstającego jądra istoty, do następnego poziomu rozwoju świadomości w obszarach rozwoju.

Ziemski, trójwymiarowy sposób myślenia przypisuje wszystko do określonych kategorii, tak jak wyobraża sobie człowiek: To, co postrzegam tu jako przejaw formy, musi być wszędzie takie samo. Każde zwierzę, każda roślina, drzewo danego gatunku, wszystkie minerały mają być, wedle poglądu wielu, wszędzie takie same jak obserwowane przez człowieka w danym miejscu.

W siedmiowymiarowym stworzeniu nie ma nic, co byłoby przydzielone do kategorii.

Jak już wspomniano, każdy zalążek życia ma różnie rozwinięte stopnie świadomości. Dlatego na przykład dany kwiat, dany krzew lub drzewo tu czy tam, czy na innym kontynencie może mieć inną formę, a nawet odmienne cechy, mieć inną nazwę i kwitnąć, i owocować w innej porze. Mimo to ta forma życia należy do tego samego rodzaju, nawet jeżeli zalążek życia przejawia różne stopnie rozwoju.

Duch Stwórczy, który trzyma całe życie w swoich rękach, nie daje się zaszeregować w ludzkie kategorie.

Mania boskości człowieka
Manipulowanie zwierzętami, roślinami, przyrodą

Jeśli jednak pomyśli się o metodach manipulacji, które człowiek wmusza zwierzętom i roślinom, trzeba powiedzieć, że wygląd tak sztucznie zmienionych istot żywych i form życia zupełnie nie odpowiada temu, co królestwom zwierząt i roślin przypisał Bóg-Stwórca.

Człowiek, który popadł w manię boskości, obnosi się pod każdym względem ze swoim dziełem jako trofeum.

Czy są to zmiany genów zwierząt i roślin, czy wymuszone krzyżówki – człowiek zawsze okazuje się być wykonawcą tego, który pochodzi z dołu. Wykonawcy świata otchłani panoszą się wszędzie, także w królestwach minerałów.

Jedno jest jednak pewne: przeciwnik nigdy nie zdoła zmanipulować duchowego życia stworzenia wiecznego Stwórcy.

Jeśli przyjrzeć się bliżej zachowaniu ludzkości wczoraj i dziś, a więc minionych i obecnych pokoleń, można dostrzec, jak dalece ludzkość odeszła od źródła życia.

Mimo że wieczne światło, wieczne słońce Bytu, świeci niezmiennie w głębi człowieka, struktura komórkowa ciała i duchowa struktura cząsteczkowa duszy są często tak zamroczone, że grzesznik patrzy już tylko na świat własnego mroku i traktuje go jako realny, wręcz jako rzeczywistość życia.

Czemu Bóg nie ingeruje?
Prawo wolności

Wciąż stawiane jest pytanie: „Dlaczego Bóg nie ingeruje w ten zamęt ludzkiej ignorancji?".

Dlaczego Bóg dopuszcza manipulacje na zwierzętach, na przyrodzie?

Dlaczego dopuszcza maltretowanie, torturowanie i zabijanie zwierząt?

Dlaczego? Ponieważ według prawa wolności my, ludzie, jesteśmy absolutnie wolnymi istotami. Bóg, Odwieczny, od początku swojego stwarzania i kształtowania włożył wolność w „niech się stanie" w duchową kołyskę stwórczą i kształtującą, czyli w pierwsze Tchnienie w duchowy atom.

Kto nadużywa zasady wolności, która jest zasadą życia wiecznego Bytu, przekuwając w czyn swoje nazbyt ludzkie chcenie, sam wydaje się w ręce prawa kauzalnego, które brzmi: „dziel, wiąż i rządź", z czego wynikają przyczyna i skutek, siew i zbiór.

Dla nas, ludzi, znaczy to, że sami ponosimy odpowiedzialność za wszystko, co myślimy, mówimy i robimy, a co nie jest zgodne z prawem miłości do Boga i bliźniego.

Cokolwiek niedobrego z nas wypłynęło i nie zostało usunięte, wraca do nas; to zapamiętują komórki naszego fizycznego ciała i cząsteczkowa struktura duszy.

Kto tego dziś nie rozpozna i dalej będzie postępował tak jak dotychczas, będzie tworzył swoje własne królestwo mroku, które pochodzi z otchłani.

Tak naznaczona dusza przechodzi po opuszczeniu ciała w zaświaty, gdyż, gdzie drzewo upada, tam leży. Stosownie do obciążenia duszy przechodzi ona do ewentualnego kolejnego stania się człowiekiem, do odpowiedniej dla niej inkarnacji. Nowy człowiek, odpowiednio do swojego położenia, działa dalej od punktu, w którym znalazł się w momencie śmierci poprzedniego ciała.

Drodzy Państwo, wszystkie podane tu odsłony wszechobejmującego działania wiecznego Ducha Stwórczego to, mówiąc ludzkimi słowami, mniej niż kropla w oceanie Wszech-Jedności.

Jednak ten wszech-ocean, esencja wszech-świata, znajduje się w duszy każdego człowieka.

Ponieważ przekazane ukształtowanymi trójwymiarowością słowami opisy Wszech-Bytu to mniej niż kropla we wszech-oceanie, trzeba powiedzieć: kto może to pojąć, niech pojmie, kto chce zostawić, niech zostawi. Kiedyś w duszy otworzy się to,

czym człowiek jest w jej sednie: eteryczna istota wszechświata, świetlistego eteru, który jest Wszech-
-Jednością.

Na zakończenie przypomnienie i prośba: Proszę pamiętać – pamiętajmy wszyscy – że każdy kawałek mięsa, który zjada człowiek, kosztował życie zwierzęcia z wszech-rodziny Boga.

Proszę też pamiętać o tym, że zwierzęta żywiące się mięsem przejęły to zachowanie z energii, którymi zasnuta jest Ziemia, lub z energii pobieranych węchem od miliardów ludzi zjadających, dawniej i dziś, części zwłok zwierząt.

Jeśli Państwo chcecie, przemyślcie też fakt, że wszystkie negatywne treści naszego czucia, odczuwania, myślenia, mówienia i postępowania są narzędziami walki mającymi dźwięk, barwę, kształt i zapach. Gruczołami ciała wydzielamy to, czym jesteśmy, także to, co odpowiada przyjmowanemu pożywieniu.

Pamiętajmy o tym, że to człowiek przeniósł na zwierzęta swoje sposoby postępowania w doczesności, czyli na ziemi.

Jak by na to nie patrzeć: jedzenie mięsa jest równoznaczne z zabijaniem zwierząt.

Niech coraz więcej ludzi pojmie i doświadczy w swoich sercach, że zwierzęta są naszymi współstworzeniami w wielkiej wszech-rodzinie Boga. Są naszymi młodszymi braćmi i siostrami potrzebującymi naszej miłości i troski.

Państwu, wszystkim nam, życzymy postrzegania życia w sobie i wokół siebie, rozwinięcia świadomości Wszech-Jedności, pokoju i doświadczenia, że siłę i światło daje nam znajdujący się w głębi duży potężny, wszechobejmujący skarb.

Posłowie

Nieskończony, niewyczerpalny świetlisty eter, pra-tworzywo, z którego czerpie i które formuje Nieskończony, Odwieczny, Pra-Bóg

Majestat, ekscelencja, eminencja, jego dostojność, jego „świątobliwość", „ojciec święty" na Ziemi, kardynał, biskup, profesor, doktor – i seria innych wybitnych tytułów o szczególnym znaczeniu – liczące się osobistości, pobierające z tego tytułu konkretne apanaże.

Po co te wszystkie tytuły? Z racji związanych z nimi środków typu pieniądze, dobra, majętności i tym podobne? Po co?

Jezus z Nazaretu uczył czegoś innego. Przekazano nam Jego następujące słowa:

Nie odbieram chwały od ludzi, ale wiem o was, że nie macie w sobie miłości Boga.

Przyszedłem w imieniu Ojca Mego, a nie przyjęliście Mnie. Gdyby jednak przybył kto inny we własnym imieniu, to byście go przyjęli.

Jak możecie uwierzyć, skoro od siebie wzajemnie odbieracie chwałę, a nie szukacie chwały, która pochodzi od samego Boga?

Dalej powiedział też:
Ktokolwiek więc Prawdę wyzna przed ludźmi, do tego Ja się przyznam przed Ojcem Moim, który jest w niebie.

Uczył nas również:
Ale wy nie pozwalajcie nazywać się Rabbi (czyli księdzem, kapłanem), gdyż jeden tylko jest wasz Rabbi – Chrystus. Wy zaś wszyscy jesteście braćmi.

Nikogo też na ziemi nie nazywajcie Ojcem, gdyż (...) w niebie jest ten Jedyny, który jest waszym Ojcem (...)

Najwięksi pośród was niech będą sługami waszymi. Albowiem kto wywyższa samego siebie, będzie poniżony. A kto w samym sobie jest pokorny, będzie wywyższony.

Przekazano nam następujące słowa Jezusa:
Ja Jestem Drogą, Prawdą i Życiem. Nikt nie przyjdzie do Ojca inaczej, jak tylko przeze Mnie. Gdybyście Mnie rozpoznali, to rozpoznalibyście też Mojego Ojca.

Przekazano również następującą opowieść o Jezusie z Nazaretu:

A oto przyszedł ktoś do Niego i rzekł: „Dobry Mistrzu, co mam dobrego czynić, abym uzyskał żywot wieczny?".

A On odrzekł mu: „Czemu Mnie nazywasz dobrym? Nikt nie jest dobry, tylko Bóg. Jeżeli chcesz wejść do żywota, przestrzegaj przykazań".

On zaś spytał Go: „Których?". Jezus rzekł: „Czego naucza Mojżesz? Nie zabijaj, nie cudzołóż, nie kradnij, nie mów fałszywego świadectwa, czcij ojca i matkę, kochaj bliźniego swego jak siebie samego".

Wtedy młodzieniec rzekł do Niego: „Tego wszystkiego przestrzegałem od młodości mojej. Czego mi jeszcze nie dostaje?".

Rzekł mu Jezus: „Jeśli chcesz być doskonałym, to pójdź i sprzedaj, co posiadasz w nadmiarze, i rozdaj tym, którzy niczego nie mają, a będziesz miał skarb w niebie. Potem przyjdź i naśladuj Mnie".

A gdy młodzieniec usłyszał te słowa, odszedł zasmucony od Niego, miał bowiem wiele majętności, więcej niż potrzebował.

Jezus zaś powiedział do uczniów Swoich: „Zaprawdę, powiadam wam, że bogacz z trudnością wejdzie do Królestwa Niebios. A nadto powiadam wam: łatwiej wielbłądowi przejść przez bramę podobną do ucha igielnego, niż bogatemu wejść do królestwa Bożego".

Drodzy Państwo, nie czytajcie tylko kolejnych stron, ale zastanawiajcie się nad nimi. Niech również posłowie wpłynie w waszą świadomość.

Świetlisty eter

Świetlisty eter to niewyczerpalny, wszechobecny Duch, najwyższa Inteligencja, Pra-Bóg nieskończoności.

Wiele jest określeń Odwiecznego, Nieskończonego i wieczności.

W krajach Zachodu ludzie nazywają Wszech-Jedynego „Bogiem".

W tym tekście nie chodzi o kościelnego Boga, o Boga, który miałby zamieszkiwać świątynie z kamienia – tu chodzi o Wszech-Ducha, najwyższe, uniwersalne Światło, wszechobecne życie w Państwu, w każdym człowieku. To Wszech-Duch, który żyje we wszystkich swoich formach życia i istotach żywych, który wszystko przenika, który jest wieczny i którego my, ludzie, możemy zwyczajnie nazywać „Ojcem".

Kto chce, niech towarzyszy myślami następującym słowom i pozwoli im wpłynąć w swoje serce.

On, Wszech-Jedyny, jest Ojcem wszystkich swoich dzieci.

Jest stwórcą prawdziwego Bytu, wszystkich boskich form życia, wszystkich boskich istot.

To Bóg Ojciec-Matka.

To wszechprzenikająca, wieczna Miłość.

To nasz niebiański Ojciec, Ojciec wszystkich
swoich dzieci.

Po co tak wiele tytułów dla ludzi?

Co ma to ludziom powiedzieć, skoro powinno
być przecież, jak w niebie, tak i na ziemi?

Niech ożyją w nas także następujące słowa życia:
Ojcze nasz, który jesteś w niebie,
święte jest imię Twoje.
Nadchodzi królestwo nasze,
staje się wola Twoja,
jak w niebie, tak i na ziemi.
Chleb powszedni dziś nam dajesz
i odpuszczasz nam nasze winy,
jak i my odpuszczamy naszym winowajcom.
Ty prowadzisz nas w pokuszeniu
i zbawiasz nas ode złego.

Gdyż nasze jest królestwo i moc,
i chwała na wieczność całą.

I tu kolejne pytanie: Co modlitwa „Ojcze nasz" ma do powiedzenia nam, ludziom, szczególnie tak zwanym „chrześcijanom" w krajach Zachodu?

My, ludzie, mamy prawo mówić do jedynej Wszech-Mocy, do Wszech-Bytu, do wiecznego Stwórcy wszystkich czystych form: Ojcze. Ojcze nasz!

Jeśli poświęcamy swój ziemski byt Bogu, naszemu niebiańskiemu Ojcu, jako syn lub córka, bez żadnych tytułów, spełniając Jego wolę ujętą w Dziesięciu Przykazaniach i w Kazaniu na Górze Jezusa z Nazaretu, to zaczynamy żyć prawdziwie, gdyż wyłącznie taką drogą doświadczamy siebie samych. Dopiero wtedy wszystko w nas się odnawia w uczuciach i myślach, nowy człowiek w Jego Duchu, człowiek w strumieniu życia, w wiecznym, świetlistym prawie, które opływa i przenika cały Byt, wszystkie kosmosy, wszystkie formy życia, wszystkie istoty. To miłość Boża i braterska, niewyczerpane źródło życia, byt, prawo wszechświata, tchnienie życia, wiecznie Bóg Ojciec-Matka miłości.

Jako ludzie zapomnieliśmy studiowania miłości do Boga i bliźniego. Zamiast tego eksperci studiują jądro atomowe. Naukowo czy religijnie łowi się w mętnych wodach, przede wszystkim w zakresie spraw związanych z Bogiem.

Wszystkie słowa i pojęcia przekazywane z wszech-prawa Boga są, jak już wyjaśniono, niewspółmierną mową z trzech wymiarów.

Wszystko, co wiemy o Bogu i o odkryciach naukowych, wciąż jeszcze nie stanowi dowodu. Wszystko opiera się na wierze, a wręcz na hipotezach, jak mogłoby być – a być może wcale nie jest.

Żaden człowiek nie może dać Państwu dowodu, że stan rzeczy jest taki, jak wyjaśniono lub opisano, ani że istnieje Bóg.

Wyłącznie Państwo możecie dowieść sobie samym, co jest prawdą, ponieważ w was, w głębi duszy, jest eteryczne wszech-jądro istoty, pra-serce, świetlisty eter, wszechpłynąca wszech-łączność, życie ujęte w jądro istoty, oraz dowieść sobie, że jako ludzie jesteście Państwo zanurzeni w Duchu Bożym, otoczeni Nim, niewyczerpalnym świetlistym eterem, który jest absolutną miłością Bożą i braterską.

Zwróćmy uwagę, że mówi się o wierze w naukę i wierze w Boga. Rzadko słychać zdanie: Kocham Boga i codziennie staram się spełniać Jego wolę.

Kto chce, niech wpuści w siebie wibrację tego, co przeczytał, w świadomości:

Niech we mnie samym dojrzeje rozpoznanie, że to, co czytam i mogę potwierdzić, aby to wypełnić, wzbogaci moje życie, żebym sam mógł przeczuć, że musi istnieć coś więcej niż sama wiara w „kochanego Pana Boga".

Kto chce, niech wyzwoli się z „mechanicznego myślenia" charakterystycznego dla większości religii i niech wczuje się w głębię swojego wnętrza, gdyż odpowiedź na opisane kwestie jest w nim, w sednie jego duszy. Niech od czasu do czasu pomyśli, że Bóg jest miłością.

Wszelkie próby dowiedzenia Boga wieloma słowami i prawdami wiary nie są dowodem.

Nie ma zewnętrznego dowodu na istnienie Boga.

Nie ma zewnętrznego dowodu na świetlisty eter, z którego swoje istnienie i życie biorą wszystkie kosmosy, wszystkie formy i istoty żywe.

Istnieje jednak *jeden* dowód: każdy sam ma dowód w głębi swojej duszy.

Każde słowo można porównać do skorupy. Trzeba się nauczyć docierać do zawartości, która mieści się *w* słowie, w niewystarczającej mowie trzech wymiarów.

Dlatego proszę czytać sercem i rozumem!

Najwyżej spotęgowany świetlisty eter jest prawem nieskończoności, jest wszech-łącznością – możemy też mówić o sieci wszech-łączności, w której istnieją wszystkie kosmosy, wszystkie ciała niebieskie, wszystkie boskie istoty, wszyscy ludzie i wszystkie formy życia.

Świetlisty eter, o którym była mowa na początku tej książki i tutaj w posłowiu, jest najwyżej spotęgowaną energetycznie, płynącą wszech-siłą, potencjałem energii, który jest niewyczerpalny i niemierzalny dla nas, ludzi.

Nie istnieją słowa, które oddałyby, choćby w nikłym stopniu, energetyczną pełnię wysoko spotęgowanego świetlistego eteru.

Wszystko, ale to wszystko, jest zanurzone w tym wszechobejmującym, wszechpłynącym świetlistym eterze, a zarazem przez niego przyjęte.

To Wszech-Duch, Wszech-Bóg, nazywany też Pra-Bogiem, nieskończoną siłą miłości.

Bóg jest Duchem. Cała nieskończoność jest wypełniona Jego Duchem, Jego prawem, którym jest miłość.

Wszystko i wszyscy są zanurzeni i przeniknięci miłością i miłością bliźniego – świetlistym eterem. Jądro istoty w głębi każdej duszy jest jako esencja kosmiczną miłością, jest Pra-Bogiem w każdym z nas, światłem z Jego światła.

Nawet jeśli mówi się, że Państwo, jak wszyscy, jesteście z Tchnienia Boga, że jest w was Bóg, wieczna miłość, i że także Państwo, jak my wszyscy, jesteście przeniknięci wiecznym oceanem miłości, świetlistym eterem, wszechobecnym Duchem, Pra-Bogiem – to wciąż nie jest to dowód.

W naszym świecie jest wiele hipotez i poglądów dotyczących świetlistego eteru, określanego też mianem eteru. Ale żaden autor książki czy pism opisujących energetyczne zależności, życie lub Wszech-Jedność nie może udowodnić eteru Bytu.

Poza tym słyszy się informacje o czterech siłach podstawowych w materii ubrane w różne naukowe słowa.

Można posłuchać lub poczytać o jądrze atomu, które też opisywane jest różnymi pojęciami, oraz o tym, co można zdziałać jego energiami.

Pomyślmy tylko o energii jądrowej, która ostatecznie, jak wszystkie energie, jest przetransformowaną na niższy poziom siłą stwórczą i sprawczą i jest obecnie brutalnie nadużywana.

Zazwyczaj czyta się i słucha o czterech siłach w materii.

Energie materii to nic innego jak przetransformowany, zagęszczony eter.

Głębia wszechświata, to co dotyczy nieskończonego świetlistego eteru i jego zawartości, nie może się w żaden sposób pomieścić w trójwymiarowym umyśle, a szczególnie jeżeli przygasi się przy tym Boga, Wszech-Ducha, najwyższą Inteligencję, Jego siłę stwórczą i sprawczą, która jest miłością Bożą i braterską, przekształcając ją w samolubstwo, czyli egoizm, w nienawiść, wojowniczość i okrucieństwo.

Łowi się w mętnych wodach z myślą: „Kiedyś wszystko zostanie odkryte".

Bez obecnej substancji świetlistego eteru, wszech--przenikającej siły nośnej najwyższej potęgi, miłości, żaden człowiek nic nie może osiągnąć, a tym bardziej niczego dowieść w pełni i dogłębnie.

Świetlisty eter jest po prostu najwyższą siłą jądrową światła.

Wszelkie duchowe atomy eteru mają centralne jądro, pra-jądro złożone z Dobroci, Miłości i Łagodności. Dobroć i Łagodność Odwiecznego są ujęte w Jego Miłość. To trzy właściwości Boga, zasada

Ojca-Matki, która jest najwyżej pulsującą siłą, miłością.

Miłość Boża i braterska jest siłą napędową, która zainicjowała stworzenie i ukształtowanie wszelkich boskich form. To duchowe jądro atomowe, pra-jądro nieskończoności. Duchowe jądro atomowe okrążają cztery pra-siły, nazywane też siłami właściwości.

Wszystko we wszystkim jest to prawo stwórcze i sprawcze Pra-Boga, którym jest płynący świetlisty eter.

W nieskończonym, przepływającym wszystko, wszechkomunikującym świetlistym eterze, który można też nazwać wszech-oceanem, zanurzone jest potężne królestwo Boże oraz wszelkie dalsze subtelne obszary, nazywane też kosmosami, przynależne już do myśli upadku i upadłych istot, podobnie jak materialny kosmos.

Wszystko, wszystkie formy, istoty i ludzie, wszystko, bez wyjątku, jest otoczone wiecznym świetlistym eterem nieskończoności.

Czy mówimy o boskich formach życia, o istotach duchowych, o upadłych istotach, czy o zwierzętach, roślinach i ludziach – wszystko, ale to wszystko, jest otoczone niewyczerpalnym świetlistym eterem nieskończoności i jest przeniknięte nieskończonością.

Mówiąc naszymi słowami: wszystko żyje, wszyscy żyjemy, czyli poruszamy się, w potężnym oceanie Boga.

Pra-jądro jest siłą napędową miłości do Boga i do bliźniego.

Kto tego nie zgłębi, nie uzna i nie będzie według tego żyć, nie zdoła też odkryć świetlistego eteru jako pra-prawa nieskończoności, pra-jądra atomu, które okrążane jest przez cztery pra-siły, siły stwórcze i sprawcze Boga.

Zasadą całości wieczności jest pra-jądro, miłość Boża i, jak wyjaśniono, cztery pra-siły, energie stwórcze i sprawcze Odwiecznego.

Ludzkość wszystkich pokoleń nie nastawiała się na Boga, na miłość do Boga i bliźniego, ale zawsze na intelektualną amunicję, na cztery przebiegunowane pra-siły.

Efektów tego doznajemy jako ludzie na co dzień. Jak wyjaśniono, myśl upadku, likwidacja stworzenia, by wszystko sprowadzić z powrotem do eteru i samemu z niego czerpać, nie została osiągnięta, czyli urzeczywistniona.

Najwyższa energia, którą zabrały ze sobą upadłe istoty, osiągnęła punkt zero. Jest niemal w całości zużyta.

Ponieważ jest, jak jest, ludzkość coraz bardziej się degeneruje i resztką zachowanej negatywnej siły wykracza przeciw miłości Bożej, przeciw królestwom zwierząt, roślin i minerałów. Mordercza machina jest w akcji.

Można wprawdzie wziąć od Odwiecznego garść świetlistego eteru i przez jakiś czas działać wyłącznie za pomocą czterech sił.

Można wyprzeć się miłości do Boga i bliźniego i zużywać cztery siły stwórcze i sprawcze Boga, czyli transformować je na niższy poziom.

Można tworzyć arsenały broni, by zabijać. Możemy budować samoloty, statki i inne środki komunikacji. Możemy stawiać elektrownie jądrowe. Możemy budować satelity i posyłać je na okołoziemską orbitę. Próbujemy wynaleźć i zbudować statki kosmiczne. Jednak nie podbijemy planet w kosmosie ani ich nie zamieszkamy, bo brak nam miłości do Boga i bliźniego.

Możemy zwierzęta – istoty ze stwórczej myśli Boga, z Jego miłości – dręczyć, zabijać dla własnych celów, mordować i zjadać jako źródło energii.

Możemy prowadzić doświadczenia na zwierzętach.

Możemy wyzyskiwać Ziemię, testować na niej swoją amunicję. Możemy budować tamy, możemy zmieniać bieg cieków wodnych. Możemy stawiać wieżowce.

Ale jedno nam się nie udało: podnieść takimi metodami na wyższy poziom powierzoną upadkowi energię, by sięgnąć do świetlistego eteru, który jest życiem.

Ludzkość wszystkich pokoleń zawiodła.

Życie Wszech-Jedynego to miłość do Jego wszech-stworzenia, w którym zanurzony jest wszech-byt.

Czas dojrzał. Zabrana porcja boskiej energii jest w znacznej mierze zużyta. Odwieczny zabiera życie z powrotem do wieczności.

Ludzie wszystkich pokoleń przetransformowali garść świetlistego eteru na tak niski poziom i tak okrutnie go wyczerpali, że nie starczy go już na dalsze nadymanie ludzkiej ignorancji.

Nauka, która jak powiedziano, łowi w mętnych wodach, nie znajdzie wspomnianego pra-jądra, siły napędowej świetlistego eteru, ponieważ ogólnie nie istnieje żadna łączność ze świetlistym eterem. A gdzie nie ma łączności, nie da się nic zrobić.

Ludzkość wszystkich pokoleń mniej lub bardziej odrzuciła miłość do Boga i bliźniego, ponieważ pokochała myśl upadku, nadęte samolubstwo, które twierdzi: „Sam jestem sobie bliźnim. Jestem podobny Bogu, a nawet sam jestem bogiem".

Kto działa tylko dla siebie, ten traci.

Kto działa dla najwyższego dobra, dla miłości, też zyskuje, ponieważ siłą nośną wszelkiego życia, wszelkiego bytu, jest miłość – miłość do królestw przyrody, miłość do świata zwierząt i roślin, miłość do każdego minerału, miłość do bliźniego, miłość do całego stworzenia.

Gdzie podziała się miłość? W trybach nauki czy kamiennych domach, gdzie uwielbiany jest kościelny Bóg?

Miłość jest prawem wolności, czego uczył nas Jezus z Nazaretu: *Kochaj bliźniego jak siebie samego.*
Miłość Boga jest Wszech-Jednością.
Miłość to nie miłość cielesna, ale miłość do Boga i bliźniego.

Ludzkość wszystkich pokoleń próbowała posiąść Ziemię brutalną siłą, zawłaszczyć wszystko, co należy do Odwiecznego. Dziś można rozpoznać, że człowiek nie mógł zawłaszczyć Ziemi – to Ziemia pochłania człowieka, który jest jej własnością, z prochu powstały w proch się obraca.

Ludzkość nie nauczyła się używać do pokojowych celów świetlistego eteru, który w swej istocie jest Wszech-Jednością, do której należą wszystkie boskie formy życia, wszelki czysty Byt.

Istoty upadku i ludzie wszystkich pokoleń mieli swoje okno czasu.

Przemiana jest w toku, przemiana gęstej materii w rzadszą, a rzadszej materii w subtelną substancję.

Odwieczny bardzo powoli, w kolejnych oknach czasu, zabiera z powrotem garść świetlistego eteru.

Ludzkość nie wykorzystała swoich okien czasu. Przyglądając się z bliska ludzkości, kipiącemu, nazbyt ludzkiemu wulkanowi, dostrzega się degenerację rodzaju ludzkiego.

Dziś człowiek jest jeszcze człowiekiem, jutro być może neandertalczykiem. A co potem? Co będzie dalej?

Jako ludzie nie możemy swoim trójwymiarowym punktem widzenia nakreślić żadnych ram czasowych – obojętnie czy nauka mówi o milionach czy miliardach lat – dla ewolucji, która nastąpiła w dół, w gęstą, mroczną masę.

My, ludzie, znamy wprawdzie pojęcie eonu, ale nie umiemy go obliczyć.

Jedno jest pewne. W tej garści świetlistego eteru mieści się esencja wszech-stwórczej i wszech-sprawczej energii nieskończoności, ponieważ wszystko zawarte jest we wszystkim.

Ślepi, tępi, spętani przesądami ludzie brną w zasadzie „dziel, wiąż i rządź".

Można to wszystko porównać do kry, która płynie po potężnym wszech-oceanie, po wszech-eterze, wszech-bycie. Kra, masy ludzkie, poszukuje ciągle więzi z płynącymi górami lodowymi, które jawią się w postaci nauki i religii, by zakotwiczyć się przy nich i tak się zabezpieczyć.

Jak długo człowiek sam nie ruszy na poszukiwanie najprostszymi słowami: „Bóg, nieskończona miłość we mnie; Bóg w nas wszystkich, we wszystkich formach stworzenia królestw przyrody", tak długo ani on, ani jego dusza nie dotrze do źródła najwyższej intensywności świetlistego eteru, do Boga, do niebiańskiego Ojca.

Drodzy Państwo, z pewnością ciekawi Państwa, co na potrzeby tej książki przygotował naukowiec, co ma do powiedzenia o powstaniu Ziemi.

Być może coś z tego Państwo wyczytacie, odnajdziecie się w jakimś stwierdzeniu w świadomości, że wszyscy poruszamy się – mówiąc symbolicznie – w potężnym oceanie niewyczerpalnego, wiecznego świetlistego eteru, wiecznego Boga, wiecznej inteligencji, siły stwórczej, którą jako synowie i córki mamy prawo nazywać „Ojcem".

Czytając o historii Ziemi, myślcie Państwo o dziele stwórczym i sprawczym Boga. W jednej garści świetlistego eteru zawarte jest wszystko we wszystkim.

Ludzkość wszystkich pokoleń straciła szansę. Energia upadku jest niemal wyczerpana; pozostało jedno: powrót do Wszech-Jedynego.

Powstanie Ziemi
w świetle współczesnej nauki

Stan wiedzy naukowej podlega ciągłym zmianom i rozszerzeniom. Współczesna nauka jest z pewnością jeszcze bardzo daleka od możliwości rozszyfrowania wszystkich współzależności w materialnym uniwersum. To samo dotyczy wiedzy o powstaniu Ziemi. W minionych latach i dziesięcioleciach dokonanych jednak zostało wiele odkryć naukowych, które, przy zachowaniu stosownej ostrożności co do prawdziwości konkretnych twierdzeń, zawierają wiele szczegółów opisujących ewolucję od tak zwanego prawybuchu po dziś w sposób w pewnym stopniu spójny z opisaną w tej książce wiedzą o wiecznym Bycie i powstaniu czysto duchowych światów.

Jak słyszeliśmy, materialny kosmos – w przeciwieństwie do kosmosu z subtelnej substancji oraz o słabo zagęszczonej substancji – zbudowany jest z mocno zagęszczonej i przetransformowanej na niższy poziom energii. Wszystko, co dzieje się w materialnym uniwersum, jest wobec tego związane trzema wymiarami. Z tego względu wszelkie możliwe przejawy i procesy nie mogą być porównane bezpośrednio z procesami w czystym Bycie, który jest siedmiowymiarowy.

Mimo wszystko daje się rozpoznać, że – podobnie jak tam – również w materialnym uniwersum ma miejsce ewolucja ujęta w cykle i rytmy, od form pierwotnych po coraz bardziej kompleksowe i zróżnicowane formy, od pra-początku materii poprzez powstawanie ciał niebieskich aż po wszystkie formy życia, od minerałów poprzez rośliny i zwierzęta po człowieka.

Stale będziecie Państwo odkrywać podobieństwa i być może wyciągniecie wniosek, że plan budowy materialnego uniwersum, takiego jakie powstało według wyobrażeń upadłych istot, to nic innego, jak słaby odblask stwórczego planu Wszech-Inteligencji, Boga, w czystym Bycie. W trójwymiarowym świecie niewiele pozostało piękna i doskonałości wiecznego stworzenia, utrzymywanego jeszcze w resztce puli świetlistego eteru, którego garść zabrały ze sobą upadłe istoty.

To, jak w trójwymiarowym obszarze powstała Ziemia, z punktu widzenia współczesnej nauki naukowiec wyjaśnia następująco:

Dzieje Ziemi daje się ująć w cztery potężne fazy: fazę akrecji i erę prekambryjską, erę paleozoiczną, erę mezozoiczną i erę kenozoiczną. Poszczególne ery dzielone są przez geologów na krótsze okresy.

Faza akrecji i prekambr

Mniej więcej 4,6 miliarda lat temu z chmury przyciągających się wzajemnie pyłów i gazów powstał nasz Układ Słoneczny z Ziemią włącznie. Jakieś 10 milionów lat później powstał też Księżyc. Przypuszcza się, że mógł powstać z odłamków po zderzeniu protoplanety Thei z Ziemią. Na okres około 4,1 – 3,8 miliarda lat temu przypada bardzo częste bombardowanie Ziemi i Księżyca przez meteoryty, tak że dopiero 3,8 miliarda lat temu mogła powstać trwała, początkowo bardzo cienka skorupa ziemska. Wydobywające się z Ziemi gazy tworzyły gęstą atmosferę, złożoną głównie z pary wodnej i dwutlenku węgla. Kondensacja pary wodnej doprowadziła następnie do powstania oceanów.

Wczesny okres istnienia Ziemi, nazywany prekambrem, obejmuje czas od powstania planety do około 545 milionów lat temu. Najwcześniejsza faza obejmuje zatem bardzo długi okres, cztery piąte całych dziejów Ziemi. Istnieją jeszcze na Ziemi skały liczące ponad 3 miliardy lat. Kompleksy takich skał są znajdowane na wszystkich kontynentach. Określane „pierwotnymi tarczami" tworzą jądra kontynentów, do których przyrastały wszystkie młodsze fragmenty skalne. W prekambrze ruchy tektoniczne były o wiele intensywniejsze niż dziś, innymi słowy dochodziło do masywnych przesunięć i przemieszczeń płyt litosfery, co prowadziło do wypiętrzania i zanikania licznych łańcuchów górskich.

Co ciekawe, rozkład kontynentów i oceanów zmienia się w historii Ziemi co 200-300 milionów lat. Mniej więcej tyle czasu potrzebuje też nasz Układ Słoneczny na jedno okrążenie centrum Drogi Mlecznej.

Z dużą pewnością twierdzi się obecnie, że około 3,5 miliarda lat temu na Ziemi żyły już mikroorganizmy, tak zwane cyjanobakterie. Wciąż istnieją liczące sobie do 3,5 miliarda lat struktury w kształcie grzybów, podobne kamieniom, nazywane stromatolitami, utworzone właśnie przez cyjanobakterie. W ówczesnej atmosferze nie było jeszcze tlenu. Cyjanobakterie najwyraźniej wynalazły fotosyntezę i przy pomocy światła słonecznego były w stanie tworzyć związki organiczne z wody i dwutlenku węgla. Pierwsze bakterie nie posiadały jeszcze jąder komórkowych. Substancja dziedziczna, DNA, była rozproszona wewnątrz komórki. Nie było także skomplikowanych struktur wewnątrzkomórkowych, tak zwanych organelli. Te dość proste jednokomórkowce bez jąder komórkowych istniały na Ziemi co najmniej przez miliard lat. Tworzyły coś w rodzaju forpoczty życia. W sumie jednokomórkowce przez ponad trzy miliardy lat były jedynymi żywymi istotami na Ziemi. Żywe wielokomórkowce istnieją dopiero od około 800 do 900 milionów lat.

W toku milionów lat dochodziło do stopniowego wzbogacania atmosfery w tlen. Wiele jednokomórkowców nie mogło do niczego użyć tlenu, był dla nich wręcz toksyczny. Można by mówić o „katastrofie tlenowej”. Niektórym jednokomórkowcom udało się wykorzystać tlen i włączyć go w proces uzyskiwania energii. Najstarsze znane wyżej rozwinięte komórki pochodzą z okresu około 1,8 miliarda lat temu. W prekambrze powtarzały się ciągle okresy silnych zlodowaceń, podczas których Ziemia praktycznie w całości była pokryta lodem. W tym kontekście mówi się nawet o „teorii Ziemi-śnieżki”.

Mniej więcej 580 milionów lat temu klimat najwyraźniej się ustabilizował. Pod koniec prekambru pojawiły się na Ziemi nowe istoty, ediakariany, które, jak wiadomo z ich skamieniałości, przypominały strukturą małe materace lub liście paproci. Te wczesne organizmy żywe musiały się początkowo bardzo dobrze rozwijać, skoro nie miały naturalnych wrogów.

Przejście prekambru w erę kambryjską wiąże się z wystąpieniem dziwacznych form zwierząt, określanych przez geologów mianem „szalonych cudaków". Zwierzęta te przypominały budową stawonogi i wyglądały dość groźnie z racji na przykład otworów gębowych przypominających piłę tarczową, pięciu oczu w głowie albo osadzonych na czułkach ruchomych szczypiec.*

Paleozoik

Druga era w dziejach Ziemi zaczęła się przed 545 milionami lat i skończyła 251 milionów lat temu.

Paleozoik jest dzielony, z uwagi na rodzaj rozwijających się organizmów, na sześć okresów o następujących nazwach: kambr, ordowik, sylur, dewon, karbon i na końcu perm.

W kambrze (545-495 mln lat temu), to znaczy na początku paleozoiku, doszło do nagłej eksplozji form życia na Ziemi. „Nagle" może się w geologii równać okresowi 5-10 milionów lat. Ważnymi skamieniałościami dominującymi z kambru są trylobity, które przez wiele milionów lat zasiedlały Ziemię. Życie rozwijało się początkowo tylko w morzach.

** przyp. tłum.: fauna Łupków z Burgess*

Dopiero w sylurze (443-417 mln lat temu) doszło do wyjścia życia na ląd. Rośliny z tego okresu miały bardzo drobne „liście", wyglądające jak ciernie. W porównaniu ze współczesnymi roślinami nie posiadały liści; są nazywane psylofitami. Po raz pierwszy w tym okresie pojawiły się nawet ryby posiadające szczęki; znajdowano poza tym skamieniałości ogromnych krabopodobnych zwierząt o długości do dwóch metrów, które w związku z tym były największymi stawonogami zamieszkującymi Ziemię.

W dewonie (417-358 mln lat temu) z oddychania skrzelowego ryb stopniowo rozwinęło się oddychanie płucne kręgowców lądowych. Dzięki temu w dewonie pojawiły się pierwsze płazy, które mogły żyć zarówno w wodzie, jak i na lądzie. W ówczesnych morzach żyły już także ryby, z których niektóre wyglądały jak współczesne płaszczki.

Pod koniec dewonu doszło do masowego wymierania, spowodowanego najprawdopodobniej ochłodzeniem klimatu. Po dewonie nastąpił karbon (358-296 mln lat temu) – okres węgla kamiennego. Na Ziemi było wówczas dość gorąco i nastąpił bujny rozwój roślinności. Płazy osiągały olbrzymie rozmiary, aż do pięciu metrów długości, a ogromne ważki miały rozpiętość skrzydeł do 60 cm.

Ostatni okres ery paleozoicznej nazywa się perm (296-251 mln lat temu). W tym okresie występowały przeważnie olbrzymie skrzypy i rośliny iglaste, ponieważ klimat stał się bardziej suchy. Z permu pochodzą ważne złoża soli, które do dziś eksploatuje się między innymi w północnych Niemczech. W permie po raz pierwszy pojawiły się dinozauropodobne dimetrodony, wyposażone w duży „żagiel" na grzbiecie. Pod koniec permu doszło do największego jak dotąd masowego wymierania, po którym zniknęło 75 do 90 procent wszystkich gatunków zwierząt.

Mezozoik (251-65 mln lat temu)

Mezozoik zaczął się jakieś 250 milionów lat temu i po największym masowym wymieraniu wszechczasów stał się dla istot żywych rodzajem nowego początku. Wszystkie lądy tworzyły w tym czasie jeden superkontynent, znany pod nazwą Pangea. Zwierzęta lądowe mogły się wobec tego rozprzestrzeniać po całym lądzie, czemu wyraz dają znajdowane skamieniałości z tej ery. Klimat był na ogół suchy i gorący.

W triasie pojawiły się pierwsze ssaki, najprawdopodobniej małe, ryjówkopodobne zwierzęta. Swój początek w triasie mają też żółwie i krokodyle. Na Ziemi pojawiły się nowe gatunki dinozaurów. Osiągnęły one apogeum rozwoju w późnym triasie i w znacznym stopniu zdominowały wszystkie inne gatunki zwierząt. Dinozaury panowały na lądach łącznie przez 150 milionów lat. Ptaki to jedyna istniejąca do dziś linia ewolucyjna dinozaurów i z punktu widzenia biologii ewolucyjnej są najbliżej spokrewnione z krokodylami.

W świecie roślin intensywnie rozwijały się rośliny nasienne. Pod koniec triasu istniały pierwsze formy roślin kwiatowych.

Na superkontynencie, Pangei, wielokrotnie tworzyło się płytkie morze, dzięki czemu można dziś znaleźć w wapieniach muszlowych liczne skamieliny. Drugi okres ery kenozoicznej to jura. W jurze nastąpił rozpad Pangei. Jura i następująca po niej kreda to czas rozkwitu dinozaurów, które w jurze reprezentowane były przez gatunki o największych rozmiarach. W późnej jurze rozwinęły się ponadto pierwsze praptaki.

W jurajskim świecie roślin szeroko rozpowszechniły się nagonasienne, czyli drzewa iglaste i miłorzęby oraz paprocie drzewiaste. Amonity (zwierzęta ślimakopodobne) osiągnęły w jurze największe zróżnicowanie gatunkowe, ponieważ istniały liczne płytkie ciepłe morza. Takie amonity znajduje się obecnie często jako skamieniałości w wapieniach.

Okres kredy zaczął się 145 milionów lat temu i trwał całe 80 milionów lat. Zakończył się wymieraniem dinozaurów przed 65 milionami lat. W kredzie nastąpiło wyraźne rozdzielenie kontynentów i zaczęły przyjmować taki układ, jaki znamy obecnie. Poziom mórz w kredzie był dużo wyższy niż współcześnie, tak że płytkie morza pokrywały znaczne części kontynentów. Poziom mórz mógł być o całe 200 metrów wyższy od dzisiejszego. Wraz z rozwojem roślin kwiatowych pojawiało się więcej insektów. Kreda była jeszcze okresem dominacji dinozaurów; ssaki odgrywały pomniejszą rolę. Ssaki rozdzieliły się na dwie linie ewolucyjne: torbacze i łożyskowce. W Australii i Ameryce Południowej wielką różnorodność gatunkową rozwinęły torbacze, między innymi kangury, koale, oposy.

Kreda, a wraz z nią mezozoik, kończy się 65 milionów lat temu wielkim wymieraniem. Oznaczało ono koniec dla żyjących od 150 milionów lat dinozaurów. Większość stworzeń morskich także wyginęła, co przypisuje się katastrofie wywołanej upadkiem na Ziemię asteroidy o przypuszczalnej średnicy 10 km. Energia uderzenia musiała być gigantyczna;

była przypuszczalnie 10 do 100 tysięcy razy większa niż łączna energia całej istniejącej dziś broni jądrowej. Dokładnie nie da się tego jednak obliczyć. Przez długi czas Ziemia była spowita popiołami i pyłami wulkanicznymi, było ciemno i zimno, a fotosynteza u roślin niemal zamarła.

Kenozoik (od 65 mln lat temu)

Tak zwany trzeciorzęd zaczął się 65 milionów lat temu, a skończył przed 2,6 milionami lat. W trzeciorzędzie kontynenty przesunęły się niemal na dzisiejsze pozycje. Klimat, początkowo tropikalny, ochłodził się w drugiej połowie trzeciorzędu dość mocno i przeszedł w epokę lodową. W trzeciorzędzie nastąpił rozkwit ssaków, które rozdzieliły się na wiele gałęzi ewolucyjnych. Rodzaj człowiek pojawił się na Ziemi około 2,5 miliona lat temu; wcześniej musiały istnieć tak zwane istoty człekopodobne. Poglądy nauki na tę kwestię ulegają jednak ciągłym zmianom.

Po trzeciorzędzie nastąpił czwartorzęd, okres zlodowaceń i panowania człowieka. Czwartorzęd zaczął się 2,6 miliona lat temu. Poziom mórz w szczycie ostatniego zlodowacenia był o około 120 metrów niższy niż obecnie. Zimy w Europie musiały być bardzo mroźne, ponieważ Golfsztrom niemal się zatrzymał.

312

W czwartorzędzie istniało wiele olbrzymich ssaków, tak zwana megafauna obejmująca na przykład mamuty, olbrzymie kangury, olbrzymie wielbłądy, wilki, słonie, leniwce olbrzymie i wielkie pancerniki. Wiele gatunków tych wielkich zwierząt wymarło jednak na początku okresu ocieplenia, tak że z dużych ssaków żyją obecnie tylko słonie, nosorożce i hipopotamy.

Pierwsze gatunki z rodzaju „Homo" miały żyć we wschodniej Afryce już 2 miliony lat temu. W okresie między 200 a 130 tysiącami lat temu żyli neandertalczycy. Tak zwany człowiek współczesny – Homo sapiens – istnieje od około 100 000 lat.

Apel

Ta książka stopniowo prowadzi nas do głębszego zrozumienia wszechobejmującej, mówiącej Wszech-Jedności. Im bardziej podążamy za wyjaśnieniami i samodzielnie wykonujemy opisane w tekście tego podręcznika ćwiczenia, tym głębiej otwiera się w nas świadomość kosmicznej łączności, jedności wszelkiego Bytu. Uczymy się zarazem wczuwania się w świat minerałów, roślin, a przede wszystkim zwierząt.

W swej różnorodności zwierzęta, które jako nieobciążone istoty zamieszkują Ziemię, które, jak wszystkie formy życia, pragną rozwoju i owocowania, nietykalności cielesnej oraz szczęścia i pokoju, cierpią niewypowiedzianie z powodu samowoli człowieka. Właśnie kiedy uczymy się coraz bardziej pojmować zwierzęta sercem, rozpoznajemy szczególnie wyraźnie, jak okrutne jest wykorzystywanie zwierząt przez ludzi w charakterze obiektów użytkowych. Kradnie się zwierzętom ich naturalną przestrzeń życiową, zamyka się je, więzi w sprzecznych z naturą warunkach; często muszą egzystować zamknięte w ciemnościach. Inne są ścigane, łowione, zabijane, obdzierane ze skóry, zarzynane lub zostają zastrzelone albo są dręczone i ranione w ramach eksperymentów. Tak jak ludzie więzieni są w obozach w efekcie działań wojennych, tak człowiek toczy wojnę przeciw zwierzętom, jakby te były jego wrogami. Okrutnych czynów, do jakich zdolny jest tylko człowiek, dokonuje on na swoich współstworzeniach. Jeśli przyjrzymy się temu z punktu widzenia mówiącej Wszech-Jedności, Słowa Uniwersalnego Ducha Stwórczego, to jest to niewyobrażalne przestępstwo przeciw życiu, przeciw zwierzętom, które w głębi wnętrza są częścią nas.

Jednak również w globalnej grze ludzi i narodów ciągle łamane jest prawo jedności. Podczas gdy codziennie umierają z głodu ludzie, w krajach dobrobytu siłą tuczy się na przykład gęsi, by z ich chorych, stłuszczonych wątróbek zrobić dekadencki przysmak dla zaspokojenia podniebienia koneserów. Każdego dnia z głodu umierają dzieci. Cierpią nieskończenie, zanim nadejdzie śmierć głodowa, a w tym czasie bogato nakryte stoły ludzi z krajów uprzemysłowionych uginają się pod ciężarem zwłok z wszystkich królestw przyrody. To barbarzyński scenariusz, którego okropności nie da się w pełni oddać.

To idące w miliardy istnień cierpienie zwierząt – tylko na rzecz żołądków przejedzonych ludzi, którym najwyraźniej łatwo przychodzi ignorowanie podczas uczt, pełnych cierpienia oczu głodujących dzieci i ich wynędzniałych ciał.

Ludzie, którzy potrafią pogodzić ze swoim sumieniem bezwzględne tuczenie zwierząt stłoczonych w niegodnych warunkach, karmienie ich na siłę zbożem odebranym głodującym dzieciom tylko po to, by potem te zwierzęta brutalnie zarżnąć i zjeść, stracili zdolność łączącego współodczuwania.

Dlatego apelujemy do Państwa:
Niech te słowa zapadną głęboko w nas wszystkich, uprzytomnijmy sobie wiecznie trwającego wielkiego Ducha, który niestrudzenie działa i mówi do nas w mówiącej Wszech-Jedności. Odnajdziemy wtedy pokój w sobie, pokój z całym stworzeniem i sprawiedliwość wobec naszych bliźnich, których także obejmuje dzielenie się i wzajemna troska.
Nie odwracajmy wzroku od nieskończonego cierpienia głodujących ludzi i zniewolonych zwierząt.
Spójrzmy w oczy potrzebujących pomocy dzieci, bo one liczą na sprawiedliwość i dobroć.
Spójrzmy w oczy zwierząt – ich wzrok to krzyk do nas, byśmy rozpoznali w nich młodsze rodzeństwo, które chce być naszymi przyjaciółmi i móc patrzeć na nas w łączności kosmicznego Bytu, niczym młodsze rodzeństwo na starsze rodzeństwo, skoro wszyscy jesteśmy dziećmi mówiącej Wszech-Jedności, stworzeniami Bytu, istotami z Boga.

Zastanówmy się przez chwilę

*Kto lub co
do nas przemawia?*

*Jako światło i siła
jestem w Twojej duszy*

Wirtualna obserwacja

Jako światło i siła jestem
w Twojej duszy

Jako światło i siła jestem
w Twojej duszy

Jako światło i siła jestem
w Twojej duszy

*Warto także
przeczytać…*

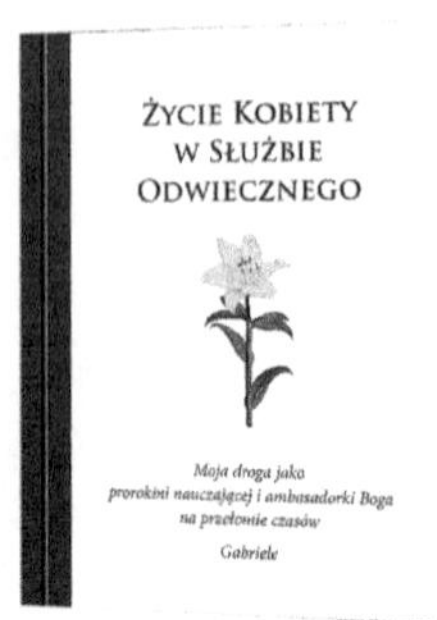

Życie kobiety w służbie Odwiecznego

*Moja droga jako
prorokini nauczającej
i ambasadorki Boga
na przełomie czasów
Gabriele*

Od ponad 40 lat Gabriele służy Bogu, Odwiecznemu, jako Jego prorokini nauczająca i ambasadorka. W swoich autobiograficznych opowieściach przedstawia swoje życie jako człowieka i powołanie na urząd prorokini Boga, a także opisuje, co to znaczy przynosić obecnie na ziemię Jego Słowo, Jego miłość i mądrość.

Autobiograficzną opowieść uzupełniają świadectwa współczesnych mówiące o sile twórczej Gabriele i o ponadludzkich osiągnięciach, których Gabriele dokonała i nadal dokonuje w swoim życiu kobiety na rzecz królestwa Boga, dla ludzi, wszystkich dusz, dla całego Stworzenia Boga.

Zebrane w tej książce autobiograficzne wspomnienia Gabriele są dziś po raz pierwszy publikowane w pełnym zakresie.

204 strony, twarda oprawa
ISBN 978-3-89201-818-6

Wielkie kosmiczne nauki Jezusa z Nazaretu

dla Jego apostołów i uczniów,
którzy mogli je pojąć

z wyjaśnieniami
danymi przez Gabriele,
prorokinię i orędowniczkę Boga

Wielkie kosmiczne nauki Jezusa z Nazaretu to Prawo Absolutne, prawo prawdziwego życia, o którym nauczał On 2000 lat temu. Dziś, dzięki działaniu boskiej Mądrości, Gabriele, Jego wielkie kosmiczne nauki po raz pierwszy w historii ludzkości są dostępne dla wszystkich ludzi. Zostały objawione przez Ducha Chrystusa Bożego w słowie proroczym przez Gabriele, gdyż nadszedł czas, w którym Chrystus objawia wszystkim prawo życia, żeby Go odnaleźli. Możemy wczuć się w życie w głębi własnej duszy, w życie będące naszą ojczyzną, i w ten sposób doświadczyć, kim naprawdę jesteśmy, skąd przybywamy i dokąd zmierzamy. Gabriele wyłożyła nam i wyjaśniła wielkie kosmiczne nauki Jezusa z Nazaretu, pokazując, jak można je zastosować w codziennym życiu.

1024 strony, twarda oprawa
ISBN 978-83-89460-21-9

Dziesięć Przykazań BOGA & Kazanie na Górze Jezusa z Nazaretu

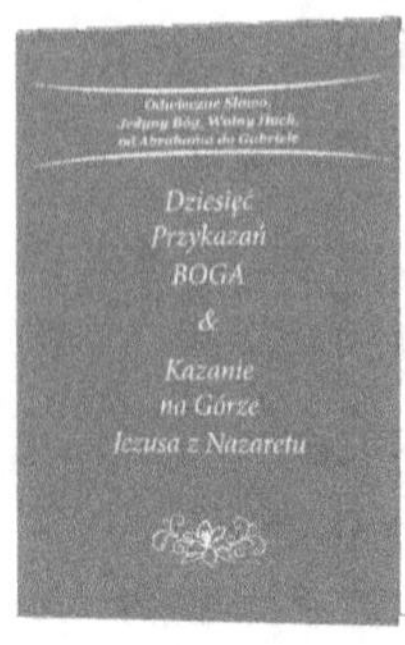

Dziesięć Przykazań Bożych i Kazanie na Górze Jezusa z Nazaretu nie mają zasadniczo nic wspólnego z religią. Są to fragmenty z wiecznego prawa miłości do Boga i do bliźniego, dane każdemu człowiekowi, niezależnie od kultury lub narodowości. Zapoznaj się i ty w swoim życiu z tą ofertą Boga, Wolnego Ducha, dla nas wszystkich – Dziesięć Przykazań Bożych i nauki zawarte w Kazaniu na Górze. Doznaj, jak te proste i życiowe wskazówki mogą zmienić twoje życie na pozytywne. One są drogą do wolności i pokoju wśród nas, ludzi, oraz z całym stworzeniem, z przyrodą i ze zwierzętami.

216 stron, oprawa miękka
ISBN 978-3-96446-362-3

Wewnętrzne modlenie się

Modlitwa serca
Modlitwa duszy
Modlitwa eteryczna
Modlitwa uzdrawiająca

Modlitwa to budowanie mostu do rzeczywistości Ducha, do życia, które nas uwalnia. Łączność między materialną i duchową płaszczyzną bytu tworzona jest przez ukierunkowanie się…

Kto codziennie modli się prawidłowo, z serca, ten nawet w największym chaosie zachowa wewnętrzny spokój…

Jeśli możemy prawidłowym modleniem się i medytowaniem docierać coraz głębiej do wewnętrznego królestwa Pokoju, do krainy, z której pochodzimy, to będziemy przeniknięci wieczną siłą w nas, prowadzeni przez nią oraz karmieni i pojeni ze źródła życia boskiego pokoju…

128 stron, twarda oprawa
ISBN 978-3-96446-018-9

Z przyjemnością prześlemy Państwu
aktualny katalog wydawniczy
i materiały bezpłatne.

Stowarzyszenie
„Gabriele-Wydawnictwo Słowo”
skr. poczt. 45
01-800 Warszawa 45

www.gabriele-wydawnictwo.com
www.gabriele-publishing.com